LA AGRICULTURA CUBANA

1934-1966

COLECCION
CUBA Y SUS JUECES

EDICIONES UNIVERSAL
P. O. Box 353, Shenandoah St.
Miami Florida 33145

EE. UU.

OSCAR A. ECHEVARRIA SALVAT

Profesor de Economía
Escuela de Graduados
Universidad de Georgetown

Washington, D. C., EE. UU.

La Agricultura Cubana

1934-1966

RÉGIMEN SOCIAL, PRODUCTIVIDAD
Y NIVEL DE VIDA DEL SECTOR AGRÍCOLA

EDICIONES UNIVERSAL
Miami, Florida
1971

Nota del Editor

La primera parte de este volumen es, realmente, la segunda edición de un libro cuya distribución fue impedida por el Gobierno Cubano en 1961. La segunda parte elabora un tema sobre el cual el autor había publicado en la "Revista Javeriana" y en "Problemas de Comunismo" añadiendo, además, un primer capítulo inédito sobre el análisis de la Ley de Reforma Agraria Cubana. Ambas obras se reunen en un solo volumen no tan solo por facilitar su publicación y distribución, sino por que ambas son complementarias reflejando una continuidad en la preocupación del autor sobre el tema y su preferencia por el rigor analítico de los métodos cuantitativos aplicados a problemas sociales.

Cabe, por último, una disculpa al lector por ofrecer en 1971 un análisis de la agricultura cubana que termina con cifras de 1966. No ha sido esto negligencia de nuestra responsabilidad editorial, sino exceso de celo de un autor que se debate entre querer actualizar la información y otros compromisos profesionales que absorben su tiempo. Imponer una fecha de edición en estas circunstancias no es decisión fácil, pero creemos que el análisis presentado amerita su publicación aún cuando la información no sea tan reciente como fuese de desear, situación además común cuando se trata de publicaciones sobre estadísticas económicas. Confiamos que el lector interesado podrá utilizar la metodología aquí presentada para obtener sus propias conclusiones, caso de contar con cifras más recientes y por ello preferimos no posponer esta publicación.

A MI PADRE

Prefacio

A mediados de 1956 el Consejo de la Agrupación Católica Universitaria de Cuba, determinó hacer un estudio sobre el nivel de vida del trabajador agrícola cubano. La investigación se realizó en el transcurso del siguiente año y el 11 de febrero de 1958 se presentaron los resultados a los asistentes a la Asamblea Apostólica y al público en general, a través de una cadena nacional de televisión. Esa exposición preliminar, de naturaleza estrictamente descriptiva, fue publicada el 12 de febrero en la prensa nacional y televisada nuevamente en el programa económico que dirigía el doctor Raúl Maestri, en el Canal 2. Al disponernos, en el mes de abril, a presentar un análisis exhaustivo del estudio, fue implantada nuevamente la censura de prensa y por ello se canceló el plan de publicar la encuesta.

En esta forma descansaban los resultados de la investigación, cuando se estableció el régimen de Fidel Castro, el 1o. de enero de 1959. Presintiendo el sesgo que habrían de tomar los acontecimientos y constatando el énfasis que, como arma de carácter político, el gobierno estaba dando a la cuestión agraria, la Agrupación Católica Universitaria consideró oportuno publicar, sin mayor análisis, el material de la encuesta de 1957. Así, en junio de 1959, en colaboración con el Ingeniero Melchor W. Gastón y el doctor René F. de la Huerta, publicamos el folleto

"¿Por qué Reforma Agraria?". El propósito de este esfuerzo, a más de informativo era el de reivindicar el trabajo que habíamos realizado para poner de relieve, los aspectos fundamentales del nivel de vida de la población rural. Pensamos utilizar este hecho como punto de partida para combatir las falsas soluciones que el gobierno quería implantar con su política agraria.

A este efecto se nos encomendó efectuar un estudio del problema agrario, de acuerdo a la información obtenida en 1957, y de ello derivar el diagnóstico adecuado y soluciones que no estuviesen cargadas del contenido marxista que presentaban las ofrecidas por el gobierno. Pero un proceso de dialéctica revolucionaria genera su propio ritmo al cual ha de adaptarse la acción política si ésta ha de ser eficaz. Otras actividades, cuyo rendimiento parecía ser más inmediato y prometedor, postergaron la terminación del estudio propuesto. Finalmente, en setiembre de 1960 se entregó el material a la imprenta, aún cuando ya no esperábamos beneficios de carácter político de su publicación, dado que el proceso revolucionario requería un cambio de método de lucha. No obstante, era nuestro interés dejar esclarecida la amplitud, propósito, significado e implicaciones del estudio realizado en 1957.

En marzo de 1961, estando el libro listo para su distribución, el gobierno intervino la imprenta en que se había elaborado y destruyó la edición. Aparentemente, advertido del contenido de la obra y habiendo tenido dificultades con otras publicaciones de la misma casa editorial y otra obra nuestra, la policía política decidió remediar la situación definitivamente, confiscando la empresa editora. Creímos que el relieve de los acontecimientos políticos posteriores, así como el fracaso evidente que en el sector agrícola, al igual que en el industrial, ha experimentado el gobierno cubano, cancelaría la vigencia de nuestro estudio sobre el nivel de vida del trabajador agrícola. Desafortunadamente no ha sido así. Fragmentos de la información estadística publicada han sido apropiados y citados fuera de contexto, tanto por miembros del gobierno cubano como por apologistas semioficiales de la política agraria del actual régimen.

Una revisión casual de la literatura reciente puede dar fe de lo afirmado anteriormente. En su artículo "Análisis Crítico de la Reforma Agraria Cubana",[1] el señor Jacques Chonchol dedica dos páginas a reproducir incorrectamente la información de 1957. Igualmente se puede apreciar en el folleto *Four Years of Agrarian Reform*,[2] del señor Carlos Rafael Rodríguez, Expresidente del Instituto Nacional de Reforma Agraria de Cuba En su contribución al libro editado por Dudley Seers,[3] el señor Andrés Bianchi incurre en el mismo error de los autores antes mencionados. En este y otros casos similares hay una doble intensión política (1) que un paupérrimo nivel de vida del campesino en Cuba, con anterioridad a 1959, justificaba el establecimiento del régimen de Fidel Castro, y (2) aliviar el contraste desfavorable que presentaría la situación actual si se comparase con la realidad existente antes del advenimiento del comunismo. Aún en obras que no pretenden defender el actual proceso cubano, como la publicada por el *Cuban Economic Research Program of the University of Miami*,[4] se refieren al estudio de 1957, pero sin extraer de él todo el fruto posible.

Ante esta situación hemos creído conveniente reconstruir, con el material a nuestra disposición, la parte descriptiva de la

---

1 J. Chonchol, "Análisis Crítico de la Reforma Agraria Cubana", *Trimestre Económico*, Vol. XXX, No. 117, enero-marzo de 1963, México D.F., pág. 86-88.
2 Carlos R. Rodríguez, "Four Years of Agrarian Reform", Political Documents, No. 6, Cuba, Ministry of Foreign Relations, pág. 26.
3 Andrés Bianchi, "Agriculture". *Cuba. The Economic and Social Revolution*", edited by Dudley Seers, The University of North Carolina Press, Chapel Hill, 1964, pág. 95-98.
4 *Cuba: Agriculture and Planning*, Cuban Economic Research Program, University of Miami, Florida, 1965, pág. 199-202.

encuesta de 1957, añadiendo además las comparaciones pertinentes con investigaciones realizadas en 1934 y 1946. No nos proponemos enjuiciar si la situación del campesino cubano motivó la revolución cubana y justificó su posterior radicalización. Menos aún intentamos establecer una comparación con el nivel de vida del sector agrícola de otros países, ni con el nivel de vida que actualmente tiene el trabajador agrícola cubano.

El propósito de este trabajo es, pues, simplemente descriptivo. Reconstruir la información que proporcionó la encuesta de 1957, fijar su significado y alcance, así como sus limitaciones. Aceptamos que este estudio puede servir de base para una labor de investigación más completa que coloque la situación económica del trabajador agrícola cubano en la adecuada perspectiva histórica y regional. Sentimos un compromiso moral de avanzar en un futuro en esa dirección. Por el momento nuestra labor se ha limitado a esclarecer un hecho histórico: que es posible inferir, y más importante aún, qué no es válido deducir de la encuesta sobre el nivel de vida del trabajador agrícola cubano que realizamos en 1957.

O. E. S.

Washington, D. C., Diciembre de 1967

INDICE

PRIMERA PARTE

Pág.

Nota del Editor	v
Introducción	vii
1. Fines	1
2. Importancia	1
3. Investigaciones Precedentes	1
4. Orden de la Presentación	2
5. Limitaciones	2
6. Método de Investigación	3
6.1 Preparación del Cuestionario	4
6.2 Selección de la Muestra	5
6.3 Preparación de los Entrevistadores	6
6.4 Definiciones Básicas	6
6.5 Trabajo de Campo	7
6.6 Codificación y Tabulación	7
6.7 Costo y Tiempo	8
7. Confiabilidad de los Resultados	8

CAPITULO I — *Características Sociológicas*

I.1.1 Constitución de la Familia	11
I.1.2 Edad	11
I.1.3 Raza	12
I.1.4 Estado Civil	12
I.2 Características Religiosas	13
I.2.1 Religión del Padre de Familia	13
I.2.2 Asistencia a Misa	14
I.2.3 Relaciones con el Párroco	15
I.2.4 Asistencia a Misa de los Declarados Católicos	15
I.2.5 Relaciones con el Párroco de los Jefes de Familia de Trabajadores Agrícolas Católicos	16
I.2.6 Estado Matrimonial	16
I.3 Características Educacionales	17
I.3.1 Grado de Alfabetización	18
I.3.2 Asistencia y Preparación Escolar	18
I.3.3 Características Educacionales en el Año 1946	19

Pág.

I.3.4	Educación de la Población Agrícola y Urbana	20
I.4	Actitud del Trabajador Agrícola Frente a sus Problemas	21
I.4.1	Solución Esperada por el Trabajador Agrícola	22
I.4.2	Problemas Señalados en 1946	23
I.4.3	Comparación de los Problemas Considerados en 1946 y 1957	23
I.4.4	Quien Puede Brindar la Solución	24

CAPITULO II — *Condiciones Alimenticias y Sanitarias* 26

II.1	Alimentación	26
II.1.1	La Alimentación del Trabajador Agrícola en 1957	26
II.1.2	La Alimentación del Trabajador Agrícola en 1946	28
II.1.3	La Alimentación del Trabajador Agrícola en 1934	30
II.2	Atención Médica	31
II.2.1	Forma de Asistencia Médica	31
II.2.2	Suministro de Medicinas	32
II.3	Síndromes Presentados por el Jefe de Familia	33

CAPITULO III — *Características de la Vivienda*

III.1	Tipo de Construcción de la Vivienda Rural	36
III.1.1	Tipos de Construcción en 1957	37
III.1.2	Tipos de Construcción en 1946	38
III.1.3	Comparación de los Tipos de Construcción	39
III.1.4	Materiales de la Vivienda Urbana y Rural	39
III.2	Facilidades Sanitarias	40
III.2.1	Facilidades Sanitarias en 1957	40
III.2.2	Facilidades Sanitarias en 1946	41
III.2.3	Comparación entre 1946 y 1957	41
III.2.4	Comparación entre Vivienda Rural y Urbana	41
III.2.5	Existencia de Baño o Ducha	42
III.2.6	Comparación de la Vivienda Rural y Urbana	43
III.2.7	El Suministro de Agua	43
III.2.8	Comparación del Suministro de Agua en 1946 y 1947	44
III.2.9	Comparación de la Vivienda Rural y Urbana	44
III.3	Sistema de Alumbrado	45
III.3.1	La Iluminación de la Vivienda Rural en 1957	45
III.3.2	La Iluminación de la Vivienda Rural en 1946	46
III.3.3	La Iluminación de la Vivienda Rural en 1946 y 1947	46
III.3.4	La Iluminación de la Vivienda Rural y Urbana	46
III.4	Número de Habitaciones por Vivienda	47
III.5	Estado General e Higiénico de la Vivienda	48

		Pág.

III.5.1 Condiciones de las Viviendas Rurales en 1946 49
III.5.2 Comparación del Año 1946 y 1957 50
III.5.3 Comparación de la Vivienda Rural y Urbana 50
III.6 Tipo de Tenencia de la Vivienda 50
III.6.1 Comparación de la Posesión de las Viviendass Rurales y Urbanas 51

CAPITULO IV — *Características Económicas* 52

IV.1 Composición de la Fuerza Laboral 52
IV.1.1 La Fuerza Laboral en 1957 52
IV.1.2 La Fuerza Laboral en la Población Urbana 53
IV.1.3 Comparación de la Población Urbana y Rural 53
IV.2 Jornada de Labor 53
IV.3 Forma de Trabajo 54
IV.4 Forma de Pago 54
IV.5 Ingreso de los Trabajadores Agrícolas 55
IV.5.1 Ingreso Monetario Total 55
IV.5.2 Ingreso por Hora de Labor 58
IV.5.3 Ingresos de las Familias de Trabajadores Agrícolas en 1946 64
IV.5.4 Ingreso de las Familias Agrícolas en 1934 65
IV.5.5 Distintas Fuentes de Ingreso 67
IV.5.6 Comparación de las Fuentes de Ingreso en Efectivo 69
IV.6.1 Gastos en 1967 70
IV.6.2 Gastos en 1946 70
IV.6.3 Gastos en 1934 72
IV.6.4 Comparación del Destino de los Gastos en los Años 1934, 1946 y 1957 73
IV.6.5 Comparación de los Gastos de las Familias Urbanas y Rurales 73
IV.7 La Economía Cubana en 1934, 1946 y 1957 74
IV.8 Resumen Comparativo 77

Conclusión 81

Notas al Pie 82

SEGUNDA PARTE

CAPITULO I — *Análisis de la Ley* 86

I.1 Precedencia Histórica 86
I.1.1. Previa a 1940 86

		Pág.
I.1.2	La Constitución de 1940	86
I.1.3	La Ley Dorta Duque	87
I.2.1	Discurso de Castro	88
I.2.2	Ley No. 3 de la Sierra Maestra	89
I.3	La Ley de Reforma Agraria	90
I.3.1	El Grupo Legislador	91
I.3.2	Itinerario de Promulgación	91
I.4	Análisis de la Ley	92
I.4.1	¿Para qué una Reforma Agraria?	92
I.4.2	Tierras Afectadas	95
I.4.3	Forma de Indemnización	96
I.4.4	Orden de Expropiación y Distribución	97
I.4.5	Distribución de Tierras	97
I.4.6	Beneficiarios de la Ley	98
I.4.7	Nuevos Propietarios	98
I.4.8	La Aparcería	98
I.4.9	Sociedades Anónimas Agrarias	99
I.4.10	Las Cooperativas	99
I.4.11	Nacionalización del Agro	101
I.4.12	Facultades del INRA	101
I.4.13	Retroactividad de la Ley	102
I.4.14	Disposiciones Finales	102
I.5	Principios de la Doctrina Social Cristiana	103
I.6	Juicio Moral	103
I.7	Juicio Económico	105

CAPITULO II — *Fines de Justicia Social* 111

II.2	Absentismo	119
II.3	Creación de Propietarios	123
II.4	Confiscación y Violencia	127

CAPITULO III

III.1	Diversificación	129
III.2	Aumento de Producción	134
III.3	Grado de Distorsion	141
III.4	Tendencia General	144
III.5	Estimación de Nivel Potencial de Producción	147
III.5.1	Aumento en los Factores Productivos	148
III.5.3	Aumento en la Productividad de los Factores	151
III.5.4	Aumento Potencial de la Producción	152
III.5.5	Descenso Real de la Producción	152

CONCLUSIONES 162

Notas al Pie 164

INDICE DE CUADROS

PRIMERA PARTE

Pág.

CUADRO 1 —	Comparación de los Datos Obtenidos por la Encuesta de 1957 con los Suministrados por el Censo de 1953	9
CUADRO 2 —	Confiabilidad de los Resultados	10
CUADRO 3 —	Relación de los Miembros de las Familias de Trabajadores Agrícolas con el Jefe de Familia...............	11
CUADRO 4 —	Edad de los Miembros de las Familias de Trabajadores Agrícolas	12
CUADRO 5 —	Raza de las Familias de Trabajadores Agrícolas (1957)	12
CUADRO 6 —	Estado Civil de los Miembros de las Familias de Trabajadores Agrícolas	13
CUADRO 7 —	Tipo de Unión Matrimonial de las Familias de Trabajadores Agrícolas (1957)	13
CUADRO 8 —	Religión del Jefe de Familia de Trabajadores Agrícolas (1957)	14
CUADRO 9 —	Asistencia a Misa del Jefe de Familia de Trabajadores Agrícolas (1956)	15
CUADRO 10 —	Relación con el Párraco del Jefe de Familia de Trabajadores Agrícolas (1957)	15
CUADRO 11 —	Asistencia a Misa de los Jefes de Familia de Trabajadores Agrícolas Católicos (1956)	16
CUADRO 12 —	Relaciones con el Párroco de los Jefes de Familia de Trabajadores Agrícolas Católicos (1957)...............	16
CUADRO 13 —	Estado Civil de los Jefes de Familia de Trabajadores Agrícolas Católicos (1957)............................	17
CUADRO 14 —	Grado de Alfabetización del Jefe de Familia de Trabajadores Agrícolas (1957)	18
CUADRO 15 —	Preparación Escolar del Jefe de Familia de Trabajadores Agrícolas (1957)............................	19
CUADRO 16 —	Asistencia a Clases de la Población Escolar de Cuba (1943)	20

	Pág.
CUADRO 17 — Alumnos por Maestro en las Distintas Provincias (1943)	20
CUADRO 18 — Escolaridad de la Población Urbana y Rural	21
CUADRO 19 — Qué Considera más Conveniente el Trabajador Agrícola para Mejorar su Nivel de Vida	22
CUADRO 20 — Distintos Problemas Apuntados por los Campesinos (1946)	23
CUADRO 21 — Comparación de las Soluciones a sus Problemas Apuntadas por los Campesinos	24
CUADRO 22 — Que Institución Cree el Trabajador Agrícola que Puede Mejorar su Situación (1957)	24
CUADRO 23 — Alimentación del Jefe de Familia de Trabajadores Agrícolas (1957)	27
CUADRO 24 — Dieta Básica del Jefe de Familia de Trabajadores Agrícolas (1957)	27
CUADRO 25 — Consumo de Diversos Alimentos en las Familias Campesinas (1946)	29
CUADRO 26 — Cantidades Requeridas para una Dieta Adecuada (1946)	30
CUADRO 27 — Alimentación Mínima Durante un Año para un Hombre Adulto en Cuba	31
CUADRO 28 — La Atención Médica del Jefe de Familia de Trabajadores Agrícolas (1957)	32
CUADRO 29 — Existencia de Medicinas en la Vivienda de los Trabajadores Agrícolas	32
CUADRO 30 — Origen de las Medicinas en las Casas de las Familias de Trabajadores Agrícolas (1957)	33
CUADRO 31 — Laboratorio del que Proceden las Medicinas Existentes en las Viviendas de los Trabajadores Agrícolas	33
CUADRO 32 — Enfermedades del Jefe de Familia de Trabajadores Agrícolas (1957)	34
CUADRO 33 — Materiales Predominantes en la Vivienda de Trabajadores Agrícolas (1957)	37
CUADRO 34 — Diferentes Tipos de Piso de la Vivienda Campesina (1946)	38
CUADRO 35 — Diferentes Tipos de Techo de la Vivienda Campesina (1946)	38
CUADRO 36 — Distintos Tipos de Piso de la Vivienda del Trabajador Agrícola	39
CUADRO 37 — Distintos Tipos de Techo de la Vivienda del Trabajador Agrícola	39

		Pág.
CUADRO 38	Materiales Predominantes en la Vivienda Rural y Urbana	40
CUADRO 39	Servicio Sanitario en la Vivienda de los Trabajadores Agrícolas (1957)	40
CUADRO 40	Servicio Sanitario en las Viviendas de Trabajadores Agrícolas (1946)	41
CUADRO 41	Tipo de Servicio Sanitario de las Viviednas de Trabajadores Agrícolas	41
CUADRO 42	Servicios Sanitarios en las Viviendas Rurales y Urbanas	42
CUADRO 43	Existencia de Bañera o Ducha en las Viviendas de los Trabajadores Agrícolas (1957)	42
CUADRO 44	Existencia de Bañera o Ducha en las Viviendas Rurales y Urbanas	43
CUADRO 45	Suministro de Agua en las Viviendas de los Trabajadores Agrícolas (1957)	43
CUADRO 46	Suministro de Agua en las Viviendas Rurales (1946)	44
CUADRO 47	Suministro de Agua Potable en las Viviendas Rurales	44
CUADRO 48	Suministro de Agua en las Viviendas Rurales y Urbanas	45
CUADRO 49	Sistema de Iluminación de las Viviendas de Trabajadores Agrícolas (1957)	45
CUADRO 50	Sistema de Iluminación de las Viviendas Rurales (1946)	46
CUADRO 51	Sistema de Iluminación de las Viviendas Rurales..	46
CUADRO 52	Sistema de Iluminación de la Vivienda Rural y Urbana	47
CUADRO 53	Habitaciones Utilizadas para Dormir en las Viviendas de los Trabajadores Agrícolas (1957)	47
CUADRO 54	Condiciones Higiénicas de la Vivienda de Trabajadores Agrícolas (1957)	48
CUADRO 55	Estado de Conservación de la Vivienda de Trabajadores grícolas (1957)	49
CUADRO 56	Estado de Conservación de la Vivienda Rural	49
CUADRO 57	Estado de Conservación de la Vivienda Rural 1946, 1957	50
CUADRO 58	Estado de Conservación de la Vivienda Rural y Urbana	00
CUADRO 59	Forma de Tenencia de la Vivienda de Trabajadores Agrícolas	51

	Pág.
CUADRO 60 — Tipo de Tenencia de la Vivienda Rural y Urbana..	51
CUADRO 61 — Composición de la Fuerza Laboral Agrícola (1957)	52
CUADRO 62 — Comparación de la Fuerza Laboral Urbana y Rural	53
CUADRO 63 — Días Trabajados Semanalmente (1957)	54
CUADRO 64 — Instrumento Utilizado en las Labores Agrícolas (1957)	54
CUADRO 65 — Trabajos Agrícolas Pagados Parcial o Totalmente en Especie (1957)	55
CUADRO 66 — Ingreso de las Familias de Trabajadores Agrícolas (1957)	57
CUADRO 67 — Ingreso Promedio por Hombre y por Hora en Total y en las Dos Cosechas Principales	64
CUADRO 68 — Número de Horas de Trabajo Retribuídas en Efectivo de Las Familias Agrícolas (1957)	64
CUADRO 69 — Ingresos en una Zona Productora de Tabaco (1934)	66
CUADRO 70 — Ingresos en una Zona Azucarera (1934)	66
CUADRO 71 — Ingreso Anual de 41 Familias de Trabajadores Agrícolas (1934)	67
CUADRO 72 — Origen de los Ingresos de las Familias Campesinas Pobres (1934)	68
CUADRO 73 — Origen de los Ingresos de las Familias Campesinas de Posición Media (1934)	68
CUADRO 74 — Origen de los Ingresos en Efectivo de las Familias Campesinas	69
CUADRO 75 — Comparación de los Ingresos en 1934 y 1957	69
CUADRO 76 — Gastos de las Familias de Trabajadores Agrícolas en un Mes (1957)	70
CUADRO 77 — Distribución de los Gastos de las Familias Campesinas (1946)	71
CUADRO 78 — Patrón de Gastos de las Familias Campesinas (1946)	71
CUADRO 79 — Patrón de Gastos de un Año de las Familias Campesinas de Ingresos Mínimos (1934)	72
CUADRO 63 — Días Trabajados Semanalmente (1957)	54
CUADRO 80 — Patrón de Gastos de un Año de las Familias Campesinas de Ingresos Medios (1934)	72
CUADRO 81 — Destino de los Gastos de las Familias Campesinas	73
CUADRO 82 — Destino de los Gastos de las Familias	74

		Pág.
CUADRO 83 —	Análisis del Ingreso Nacional de Cuba en los Años 1934, 1946, y 1957..	76
CUADRO 84 —	Análisis de la Formación e Importación de Bienes de Capital en 1946 y 1957..	77
CUADRO 85 —	Comparación del Nivel de Vida de la Población Agrícola del Año 1957 con la del Año 1934................	78
CUADRO 86 —	Comparación del Nivel de Vida de la Población Agrícola en el Año 1957 con relación a 1946	79
CUADRO 87 —	Comparación del Nivel de Vida de la Población Rural con Relación a la Urbana....................................	80

SEGUNDA PARTE

CUADRO 1 —	Evolución de la Distribución de la Tierra Según Tamaño de la Finca	118
CUADRO 2 —	Evolución del Régimen de Propiedad Agrícola	121
CUADRO 3 —	Volúmenes Anuales de Producción Agrícola en Cuba, 1957-1966	138
CUADRO 4 —	Comparación de la Producción Agrícola Reportada	140
CUADRO 5 —	Distorsión de la Información	142
CUADRO 7 —	Variaciones en la Producción Agrícola	145
CUADRO 7 —	Variación Anual de la Producción	146
CUADRO 8 —	Variación del Capital en la Agricultura	150
CUADRO 9 —	Variación en los Factores de la Producción........	153
CUADRO 10 —	Cambios en los Factores de Producción Agrícola 1958-1963	154
CUADRO 11 —	Variación en los Factores Dedicados a la Agricultura	155
CUADRO 12 —	Producción Agrícola en 1963 y 1964	156

Primera Parte

INTRODUCCION

1. *Fines*

Este estudio va encaminado, primariamente, a describir cómo se desenvolvió la vida del trabajador agrícola cubano en el año 1957. Conjuntamente se presentarán aquellos datos de otras épocas que permitirían establecer la existencia de alguna tendencia en el nivel de vida de la población estudiada. Pretendemos, además, comparar el nivel de ingresos per capita de los trabajadores agrícolas con el de toda la población, a fin de constatar uno de los síntomas del desequilibrio estructural que se observaba en la economía cubana.

2. *Importancia*

Aunque el campesino cubano había merecido la simpatía y atención general desde los primeros años de la República, era factible pensar que, en comparación con la población urbana, el trabajador agrícola carecía de importancia social y económica. Nada más lejos de la verdad: Cuba era y será por mucho tiempo un país de economía agraria. A pesar del notable éxodo rural, parte de cuyas causas están presentes en esta investigación y que fueron agravadas, en los años de la década del 50, por la concentración de inversiones y gastos en las áreas urbanas, la población rural, que alcanzaba en 1907 al 56 por ciento de la población, era en 1957 aún el 44 por ciento de la misma y constituía un 40 por ciento de la fuerza de trabajo. El sector agrícola, además, generaba una tercera parte del Ingreso Nacional.

3. *Investigaciones Precedentes*

Con anterioridad al estudio que se presenta en estas páginas, sólo existían dos obras similares: (1) el análisis del sector rural que aparece en "Problemas de la Nueva Cuba", publicado por la *Foreign Policy Association* en 1934, y (2) el de *Rural Cuba* del Profesor Lowry Nelson. Ambos estudios se limitan a hacer una descripción, basada en una reducida información estadística, sin la amplitud de la referente al año 1957, de lo considerado como las características más sobresalientes del nivel de vida del campesino cubano y sin establecer comparación alguna.

4. *Orden de la Presentación*

En el primer capítulo se da a conocer la información sociológica disponible sobre la familia del trabajador agrícola, así como la educación y religión del jefe de familia, datos para los que no existen antecedentes. En el segundo capítulo se describe la situación fisiológica y sanitaria. Las características de la vivienda se analizan en el tercer capítulo, evaluando los aspectos económico-sociales, en los que se hace referencia oportuna a los estudios precedentes. Por último se presenta la información económica disponible.

5. *Limitaciones*

Toda comparación tiene inconvenientes y por ello es inadecuado el estudio de estas cifras sin identificar los conceptos utilizados y enunciar las dificultades que puede presentar la manipulación de estos datos. En primer lugar cabe poner en tela de juicio la representatividad de las variables utilizadas, dado que si bien ofrece garantías la muestra tomada en el año 1957, no es posible aplicar el mismo grado de confianza a las investigaciones de los años 1934 y 1946, pues la lectura de estas fuentes permite apreciar las limitaciones de las muestras tomadas en esas oportunidades. Puede obviarse esta dificultad ya que, en base a la homogeneidad que ha caracterizado siempre el nivel de vida en el campo cubano, es permisible, con las reservas necesarias, inferir de las características de un núcleo relativamente pequeño, la descripción de la población agrícola en su conjunto.

Las cifras, además de ser representativas del universo que pretenden describir, deben corresponder a conceptos homogéneos. Cabría preguntarse hasta qué punto datos hallados en épocas distintas, por personal con criterio independiente, pueden reflejar conceptos, si no idénticos, al menos semejantes. No obstante esta objeción, dado el alcance limitado de las comparaciones que se pretende efectuar y el carácter general de los vocablos utilizados, cabe suponer que, al menos en el lenguaje común en que en ocasiones la economía busca sus conceptos más precisos, puede aceptarse que la similitud de los términos es suficiente como para permitir su comparabilidad.

En todo empeño de comparar niveles de vida de distintas épocas, es de advertir que si bien el valor de ciertas variables puede sugerir el deterioro o mejoría de un aspecto específico, es de reconocer que el nivel de vida está determinado por la medida en que los bienes económicos disponibles satisfacen las necesidades de una sociedad. De ahí que si un aumento de los bienes y servicios disponibles, va acompañado de un aumento, en proporción aún mayor, de las apetencias, la aparente mejoría en el nivel de vida no lo es tal. No podemos, pues, aceptar sin reservas que un aumento de los bienes y servicios per cápita, que una sociedad tiene a su disposición, es siempre un índice de mejoría en su nivel de vida.

Pero a pesar de éstas y otras dificultades, que debe tener presentes quien decide analizar y comparar los niveles de vida de distintas poblaciones, se hace imprescindible aceptar que pueden encontrarse, con las debidas reservas, datos suficientemente homogéneos, precisos y universales como para, dentro de amplios límites, construir índices que permitan comparar las características más sobresalientes del nivel de vida. Es por ello que nos animamos a presentar aquellas estadísticas que, dada su homogeneidad y la precisión con que representan el universo de donde provienen, pueden considerarse adecuadas para comparar los niveles de vida de los trabajadores agrícolas de Cuba en los años 1934, 1946 y 1957.

6. *Método de Investigación.*

Después de apuntar el fin, la importancia y las limitaciones de este estudio, es necesario conocer el procedimiento seguido para obtener la información sobre 1957.

6.1 Preparación del Cuestionario

La preparación del cuestionario es una de las bases en que descansa el éxito de una encuesta. Las preguntas deben estar redactadas con claridad, de acuerdo con el vocabulario prevaleciente en el universo a investigar. Para ello es necesario conocer cómo se desenvuelve la vida y las costumbres de aquellos sujetos entre quienes se pretende obtener la muestra. Las preguntas también deben ser redactadas de manera que no sugieran una respuesta preconcebida, a fin de evitar la proclividad de los entrevistados a adoptar como respuesta sugerencias implícitas en la conversación del entrevistador. Sin embargo, hay preguntas sensibles que es preferible formular aceptando de antemano la posibilidad de la respuesta más bochornosa, de modo que, de ser esta su situación, el entrevistado deba solamente asentir, mientras que de haberse formulado la pregunta en forma neutra, le resultaría más difícil confesar su situación real.

El primer paso fue fijar los objetivos perseguidos, hecho ésto se distribuyó entre determinados miembros de la Agrupación Católica Universitaria, los tópicos fundamentales de la encuesta y se pidió sugirieran las posibles preguntas. Se clasificaron estas sugerencias de acuerdo a su frecuencia y originalidad. Con estos informes y el material similar encontrado, se formuló un cuestionario provisional de ocho páginas, especialmente preparado para facilitar la labor del entrevistador. Al mismo tiempo se estableció contacto con el Banco Nacional de Cuba, donde fue designado el señor Enrique Salcedo, Jefe del Departamento de Estadística, para colaborar en nuestro empeño.

Se realizó un muestreo preliminar con ocho parejas de entrevistadores, que en tres días obtuvieron 100 entrevistas en cuatro zonas del país. Cada equipo redactó su informe cubriendo las dificultades encontradas, así como los comentarios a la redacción de las preguntas, incluyendo sugerencias para facilitar la labor de campo. Teniendo en cuenta estos informes y diversas conversaciones con cada entrevistador, se redactó el cuestionario definitivo y se formuló el plan de trabajo. El cuestionario se redujo a una hoja, imprimiendo las preguntas en forma abreviada, a fin de facilitar su manipulación y evitar que la pérdida de una página en un cuestionario más voluminoso anulase algunas entrevistas. No obstante este nuevo formato, las preguntas no cambiaron sustancialmente, prueba de la escrupulosidad con que se preparó originalmente el cuestionario. A cada entrevistador se dio un folleto de instrucciones que explicaba detalladamente cómo proceder al realizar la entrevista.

6.2 *Selección de la Muestra*

Una muestra pequeña, correctamente seleccionada, es de mayor confianza que una mayor en la cual las entrevistas se han concentrado inadecuadamente en algunos sectores, en desproporción al peso de los mismos en el conjunto a investigar. De un universo de 400,000 familias de trabajadores agrícolas se seleccionaron 1,000. Dado que el estudio comprendía un solo estrato social, el del trabajador agrícola, se pasó a distribuir la muestra entre los 126 municipios de la Isla de acuerdo con su densidad demográfica. Se tomó como base el peso demográfico de los municipios en el año 1953, aún cuando ya estábamos a principios del año 1957. Dado el alto costo de actualizar el censo en las localidades que se iban a investigar, se aceptó que aun cuando el universo podía haber cambiado sus proporciones relativas con respecto al año 1953, estas diferencias que pudieran observarse en el peso atribuible a cada municipio, no ameritaban realizar otro censo previo. Por otra parte, es de reconocer la uniformidad del nivel de vida a través de zonas que comprenden varios municipios, en las cuales si bien existe alguna migración interna, ella es mínima de una zona a otra. Quedaba así neutralizado el inconveniente teórico del cambio en la distribución interna de la muestra, entre la fecha de selección y de realización de las entrevistas.

Entre los posibles métodos para seleccionar las familias que habían de ser investigadas, se pensó en realizar un sorteo por derrotero o por subdivisión de las áreas. Después de considerar estas y otras posibilidades se adoptó una que, aun cuando más laboriosa, garantizaba una mejor distribución al azar. El método consistió en sortear, por medio de una tabla de números casuales, las entrevistas correspondientes a cada municipio entre las familias campesinas empadronadas en este, en el censo de 1953. Si bien cabe repetir las reservas en cuanto a escoger el año 1953 como base para distribuir la muestra, puede afirmarse que las razones expresadas a este respecto, son válidas también en cuanto a seleccionar las familias de las listas de empadronamiento. Esta labor fue supervisada por el señor Armando Valdés, del Banco Nacional de Cuba.

6.3 *Preparación de los Entrevistadores*

La preparación del personal entrevistador es requisito indispensable en toda investigación, dado que esta requiere uniformidad en la presentación de las preguntas y la evaluación de las respuestas. "Del cuidado y de la responsabilidad que pongan en su labor los entrevistadores, dependerá el éxito del muestreo", así comenzaba el folleto que explicaba a los entrevistadores la presentación de las preguntas, las normas de cortesía usuales en el campo, las unidades de medidas y vocablos que necesitaba conocer, así como algunas instrucciones generales.

Si bien en muchas ocasiones resulta preferible, con miras a una mayor uniformidad, escoger un grupo reducido de entrevistadores que cubra todo el territorio, en esta oportunidad, dado el alto costo que esto hubiera significado, se prefirió preparar un mayor número de parejas procurando, no obstante, que tuviesen criterio uniforme. Esto y el conocer quién llenó cada cuestionario, permitía hacer un análisis de todas las entrevistas realizadas por la misma persona, a fin de descubrir y corregir alguna posible desviación de acuerdo a las tendencias que fueran más sobresalientes, lográndose así una adecuada uniformidad de criterios.

Familiarizados los entrevistadores con las instrucciones y el trabajo a realizar, se les sometió a un examen, consistente en entrevistar a uno de los dos instructores, quien presentaba durante la entrevista casos de disyuntivas difíciles, de restricción del extrevistado a expresarse, de exceso de locuacidad en algunas respuestas, en fin, aquellos problemas que requerían una preparación previa para solucionarlos con delicadeza y precisión.

6.4 *Definiciones Básicas*

El objeto de esta investigación era la familia agrícola, adoptándose el criterio del censo para definirla: "todas las personas, esten o no ligadas por vínculos de parentesco, que por cualquier razón viven en una misma unidad residencial." Estas familias debían vivir en una zona rural, definida por el Censo de Población, Vivienda y Electoral de 1953, como todo núcleo de población menor de 150 habitantes donde por lo general no existen servicios médicos, legales, de esparcimiento, ni eléctricos.

La denominación de trabajadores agrícolas implicaba que la principal fuente de ingreso fuese un salario, sueldo o retribución en especie, recibido por los trabajos efectuados para un tercero que posée o representa los factores de tierra y capital. La entrevista se dirigía principalmente al jefe de familia, considerando así a quien aportara el mayor monto de ingresos, pero se entrevistaba además a otros miembros de la familia si estos contribuían con algún ingreso por concepto de salario.

6.5 *Trabajo de Campo*

A las dificultades de transporte hubo que añadir la desconfianza de algunos entrevistados, la cual hacía la labor más delicada y fatigosa. La prohibición de recorrer determinadas zonas de Pinar del Río y Las Villas, junto con la detención de algunos entrevistadores, imposibilitó conseguir la información en ciertos lugares. El proceso insurreccional que envolvía la Nación hacía difícil, además de riesgosa, la labor de campo, por la insistencia del campesino en ver en los entrevistadores agentes de uno u otro grupo político o revolucionario y en ocasiones representantes del gobierno.

6.6 *Codificación y Tabulación*

Si bien la mayor parte de las posibles respuestas habían sido codificadas previamente, quedaron sin embargo un número de capítulos en que fue imposible hacerlo, siendo necesario, pues, revisar cada uno de los cuestionarios a fin de completar la codificación de todas las preguntas y convertir las unidades a un mismo sistema. Con las planillas codificadas, y previo el análisis de aquellas preguntas con posibles respuestas ambiguas, se pasó a la perforación de las tarjetas, para la tabulación electrónica, realizada en el Tribunal de Cuentas bajo la supervisión del Ing. Alberto Camacho.

6.7 *Costo y Tiempo*

Se hizo muy difícil estimar el costo y el tiempo consumido por este trabajo, dado que fue realizado en gran parte por personal voluntario. Sin un reporte preciso de tiempo dedicado a cada labor, hay sólo estimados realizados por muestras de cada operación. Se clasificaron las labores en tres tipos: Se asignó a codificación, mecanografía y tabulación, el valor mínimo de $1.00 [1] la hora-hombre en que se tasaban usualmente esas labores. Para el trabajo de campo, realizado principalmente por estudiantes, se consideró, además de los gastos de transporte y mantenimiento, un costo de $2.00 por hora-hombre. Para el resto de las labores que requerían una preparación profesional, se asignó un valor estimado de $3.00 por hora-hombre que es, como puede suponerse, inferior al costo de oportunidad de los expertos consultados. Sin embargo, a pesar del criterio conservador en fijar el valor de las horas-hombre y determinar el tiempo y los recorridos cubiertos, se computó un trabajo de 15,000 horas-hombre recorriendo 15,000 kilómetros. Aún cuando el valor estimado fue de $30,000, las erogaciones en efectivo, sin embargo, fueron sólo de $1,600, constituyendo la diferencia el valor de la ayuda recibida y la retribución estimada de los que trabajaron voluntariamente.

7. *Confiabilidad de los Resultados*

Una vez presentada la metodología seguida, surge invariablemente la pregunta que inquieta a todo investigador: Hasta qué punto, a pesar del análisis previo a que se ha sometido el método de investigación, son confiables los resultados encontrados? Previendo este interrogante se incluyeron en el cuestionario preguntas para las cuales se conocía, gracias al censo de 1953, el valor real para el universo a investigar. En el Cuadro 1 se ofrecen algunas de las variables investigadas por la encuesta de 1957 y el Censo de Población, Viviendas y Electoral de 1953.

1/ Un peso cubano = US$1,00

CUADRO 1

Comparación de los Datos Obtenidos por la Encuesta de 1957 con los Suministrados por el Censo de 1953

Dato Investigado	Valor de la Muestra 1957	Valor del Censo 1953
1. Población menor de 16 años	44.70 %	44.61 %
2. Individuos de raza blanca	86.01	85.72
3. Casas de maderas, techo de guano y piso de tierra	60.35	58.41
4. Casas sin inodoro ni letrina	63.96	62.77
5. Habitadas sin pagar alquiler	55.48	54.73
6. Mujeres mayores de 12 años sin hijos	45.31	44.30
7. Unidos matrimonialmente	34.13	34.32

Fuentes: "Investigación sobre el Nivel de Vida del Trabajador Agrícola" y Tribunal Superior Electoral, "Censo de Población, Viviendas y Electoral".

Si aceptamos que la proporción para el año 1953 es, por ser tomada del Censo, el valor del universo investigado, nos podemos preguntar si las diferencias con el valor de la muestra pueden atribuirse a desviaciones fortuitas o si por el contrario ellas indican que la muestra investigada no pertenece al universo que se deseaba estudiar.

Aplicando una prueba de hipótesis a cada uno de los 7 parámetros escogidos, basándonos en la fórmula $z = \dfrac{x - np}{\sqrt{np(1-p)}}$ y recordando que n = 1,000, obtenemos los siguientes resultados:

CUADRO 2

Confiabilidad de los Resultados

Parámetro	z	Area u a z	Area z a ∞
1	.0636	.0239	.4761
2	.27	.1064	.3936
3	1.22	.3869	.1161
4	.78	.2823	.2177
5	.51	.1950	.3050
6	.64	.2389	.2611
7	.13	.0517	.4483

Como se puede observar todas las estadísticas de la muestra están comprendidas dentro del Intervalo de Confianza $z = \pm 1.64$ que es el usual para estos casos. El Intérvalo de Confianza más bajo es el No. 3, con el 23.22 por ciento de probabilidad de que la muestra pertenezca a la misma población del parámetro de 1953, a pesar de su desviación del valor esperado.

Otra prueba que podría aplicarse es considerar las 7 proporciones como parejas de valores esperados y actuales de 7 muestras de la misma población, con lo cual podríamos aplicarle la

$$\frac{\Sigma\ (a_{ij} - e_{ij})^2}{\Sigma\ e_{ij}}$$

El valor de X^2 será .1774. Con 7 proporciones los grados de libertad son 6, para los cuales el valor esperado de X^2, para 5 por ciento de grado de confianza, es $X^2\ .05 = 12.592$ por lo que podemos aceptar la hipótesis que las diferencias entre los valores hallados y esperados es atribuible a errores de muestreo. Recordemos que para un ajuste perfecto el valor de $X^2 = 0$.

Descrito el método seguido y advertidas las dificultades de que en él se ocultan, podemos, sin más, dejar al lector mano a mano con la realidad que ofrecen las estadísticas.

CAPITULO I
CARACTERISTICAS SOCIOLOGICAS

I.1 *Información General*

Cómo está constituída la muestra investigada en cuanto a composición familiar, edad, raza, estado civil, religión y educación. Para ello se adoptó la misma clasificación que el censo de 1953, para hacerla comparable con éste, además de que con ello se lograba una adecuada descripción.

I.1.1 *Constitución de la Familia*

Relación de los Miembros de las Familias de Trabajadores Agrícolas con el Jefe de Familia
(1957)

Parentesco	*Individuos (%)*
Esposa	17.98
Hijo	70.26
Padre	2.98
Nieto	2.00
Otros familiares	5.28
Sin relación familiar	1.50

Fuente: Encuesta op. cit.

Dado que el promedio de personas por unidad familiar era algo menor de 6, el Cuadro 3 permite inferir que en la casi totalidad de unidades el jefe de familia vivía en compañía de su mujer y con un promedio de 3.52 hijos por familia investigada. Esta cifra, al igual que el tamaño de la familia, es mayor que el promedio para toda la población de Cuba en aquella fecha y, por consiguiente, mayor que en las áreas urbanas.

I.1.2 *Edad*

En contraste con la composición familiar la distribución por edades, que se expone en el Cuadro 4, no presenta discrepancias apreciables con la observada para la población urbana de Cuba.

CUADRO 4

*Edad de los Miembros
de las Familias de Trabajadores Agrícolas
(1957)*

Grupos por edades	Individuos (%)
Menos de 11 años	31.16
Entre 12 y 16 años	13.54
Entre 17 y 20 años	9.46
Más de 21 años	45.84

Fuente: Ibid.

I.1.3 *Raza*

Es de señalar el predominio de la raza blanca en la población investigada en comparación con el resto de la República, donde el promedio de habitantes de raza blanca era del 78%.

CUADRO 5

*Raza de las Familias de Trabajadores Agrícolas
(1957)*

Raza	Familias (%)
Blanca	86.01
Negra y mestiza	13.99

Fuente: Ibid.

I.1.4 *Estado Civil*

Al considerar el estado civil de los miembros de las familias de trabajadores agrícolas, se observa que solamente 0.25 por ciento aparecen como divorciados, lo cual indica una alta estabilidad familiar del sector investigado. Distinguiendo después el tipo de unión matrimonial, es interesante comparar esta característica para el conjunto de la población campesina y aquélla que se manifestó como católica, pues en los primeros aparece el concubinato con más frecuencia mientras que el matrimonio civil aparece en mayor número de casos cuando se analiza la muestra de los católicos que en la muestra total, en cuyo caso aparece en el 38.89 por ciento.

CUADRO 6

*Estado Civil de los Miembros
de las Familias de Trabajadores Agrícolas
(1957)*

Estado Civil	Individuos (%)
Solteros	63.64
Divorciados	0.25
Viudos	1.98
Unión matrimonial	34.13

Fuente: Ibid.

CUADRO 7

*Tipo de Unión Matrimonial
de las Familias de Trabajadores Agrícolas
(1957)*

Unión Matrimonial	Individuos..(%)
Civil	34.82
Eclesiástica	16.68
Concubinato	48.50

Fuente: Ibid.

I.2 Características Religiosas

Siguiendo el ejemplo de Mark Weber y Richard Tawney, podemos buscar en las creencias religiosas de una población, una de las posibles características para medir su nivel cultural y explicar su comportamiento económico. A este efecto se procedió a investigar las características religiosas del trabajador agrícola tomando como referencia la religión supuestamente predominante en Cuba: el catolicismo.

I.2.1 Religión del Padre de Familia

Lo primero que se procuró fue conocer la religión confesada por el padre de familia. No se intentaba con ello definir si la religión confesada era practicada plenamente o no, sino en qué religión, practicárala o no, el sujeto se consideraba enmarcado.

CUADRO 8

*Religión del Jefe de Familia
de Trabajadores Agrícolas*
(1957)

Religión declarada	Individuos (%)
Ninguna	41.41
Católica	52.10
Protestante	3.26
Hebrea	0.00
Espiritismo y santería	1.09
Masonería	2.14

Fuente: Ibid.

Resulta interesante observar cómo a pesar del fácil acceso al campo, dadas las características topográficas de Cuba, existía un 41 por ciento de la población agrícola en tal grado de aislamiento como para declarar no tener religión alguna.

I.2.2 *Asistencia a Misa*

Determinada la religión, se pasó a indagar el grado de participación en la considerada mayoritaria, a fin de comprobar la posibilidad de actividad religiosa, aun entre los que se declaraban sin religión. Se estimó en primer lugar la asistencia a Misa durante el año anterior. Al comparar la distribución de frecuencia que aparece en los Cuadros 9 y 11 puede concluirse que un pequeño porcentaje de los confesados sin religión tenían alguna participación en las actividades de culto católicos, ya que el número de los que van a Misa al menos una vez es mayor cuando se considera el total de la población, que sólo a los confesados católicos.

CUADRO 9

*Asistencia a Misa del Jefe de Familia
de Trabajadores Agrícolas*
(1956)

Número de Veces al año	Individuos (%)
0	93.47
1	2.64
2	1.83
3	1.32
4	0.74

Fuente: Ibid.

I.2.3 *Relaciones con el Párroco*

Según se observa en el Cuadro 10, un 53.51 por ciento manifestó no haber visto nunca al párroco, mientras que un 2.38 por ciento se declaran su amigo personal. Comparando esta información con la obtenida tan sólo para los católicos, se hace evidente que la influencia del párroco, aunque limitada, se extiende aun a los que declaran no tener religión alguna.

CUADRO 10

Relación con el Párroco
del Jefe de Familia de Trabajadores Agrícolas
(1957)

Relación	Individuos (%)
No lo ha visto nunca	53.51
Lo conoce de vista	36.74
No lo trata	1.94
Amigo	5.43
Amigo personal	2.38

Fuente: Ibid.

I.2.4 *Asistencia a Misa de los Declarados Católicos*

Las dos preguntas anteriores hechas en relación a toda la población, fueron clasificadas también solamente entre los católicos. Como es de esperar, las proporciones aumentan algo, en especial en los aspectos que indican mayor grado de participación. Es de notar, sin embargo, que solamente un 4.25 por ciento manifestó haber ido a Misa más de 3 veces al año.

CUADRO 11

Asistencia a Misa de los Jefes de Familia
de Trabajadores Agrícolas Católicos
(1956)

Número de veces al año	Individuos (%)
Ninguna	88.84
1	3.42
2	3.49
3 ó más	4.25

Fuente: Ibid.

I.2.5 *Relaciones con el Párroco de los Jefes de Familia de Trabajadores Agrícolas Católicos*

En cuanto a las relaciones con los párrocos, las cifras que se presentan en el Cuadro 12 son más halagadoras. No obstante, existe un 27 por ciento de católicos que no recuerda haber visto a su párroco.

CUADRO 12

Relaciones con el Párroco de los Jefes de Familia
de Trabajadores Agrícolas Católicos
(1957)

Relación	Individuos (%)
No lo han visto nunca	27.31
Lo conocen de vista	58.33
No lo tratan	2.10
Es amigo	8.82
Es amigo personal	3.44

Fuente: Ibid.

I.2.6 *Estado Matrimonial*

Entre los católicos, aparecieron casados sólo por lo civil un gran porcentaje de los mismos, casados por la Iglesia un 15.99 por ciento, manifestando no estar casados ni por lo civil ni por la Iglesia, practicamente uno de cada dos matrimonios. Comparando esto con la información del Cuadro 7 se observa que la proporción de matrimonios religiosos es mayor entre los que no se confesaron católicos.

CUADRO 13

Estado Civil de los Jefes de Familia de Trabajadores Agrícolas Católicos
(1957)

Estado Civil	Individuos (%)
Casado solo por lo civil	38.89
Casado por la Iglesia	15.99
Concubinato	45.12

Fuente: Ibid.

Sin embargo, no debe verse estas cifras sobre unión matrimonial, como un síntoma de inestabilidad en las relaciones familiares del campesino. Hay que hacer notar que en muchas ocasiones estos concubinatos suelen tener mayor estabilidad que los matrimonios urbanos. En general, con respecto a la religión, el panorama no es halagador pero, sin embargo, se pudo constatar, por los entrevistadores, que el campesino cubano aun cuando en su mayoría no es religioso, no es anticatólico y ni antirreligioso. Teniendo en cuenta además las distintas preguntas sobre actividades religiosas, se puede inferir que aún entre el 41.41 por ciento que no confiesa filiación religiosa, existe alguna actividad espiritual pública.

I.3 *Características Educaionales*

La descripción del grado de alfabetización y educación del campesino es punto básico para comprender mejor la situación del trabajador agrícola cubano. Para obtener una idea del nivel intelectual de los entrevistados, se prepararon tres preguntas. La primera pretendía obtener el grado de alfabetización. La segunda se proponía determinar la distribución de frecuencias de la preparación escolar. La tercera iba encaminada a determinar el número de alumnos en edad escolar que asistía a clases.

I.3.1 *Grado de Alfabetización*

Se preguntaba: Usted no esabe leer, no? Y se daban tres posibilidades: no sabe leer ni escribir, saber leer y saber escribir y leer. Al preguntar de este modo se pretendía aliviar, un poco, la situación penosa de tener que declarar no saber leer y escribir. No se verificó la respuesta, pero se supone, por la forma en que se resolvió la encuesta, y por la comparación con investigaciones similares, que las cifras obtenidas gozan de adecuada representatividad. Las respuestas aparecen en el Cuadro 14.

CUADRO 14

*Grado de Alfabetización
del Jefe de Familia de Trabajadores Agrícolas*
(1957)

	Individuos (%)
No sabe leer ni escribir	43.09
Sabe leer y escribir	53.47
Sabe leer	3.44

Fuente: Ibid.

Lo primero que llama la atención en este cuadro es que aproximadamente la mitad de los padres de familia de trabajadores agrícolas son analfabetos, a pesar de que por su mayor edad se podría suponer que han tenido más oportunidades de educación. No conocemos como hubiesen cambiado estas cifras si la investigación se hubiese extendido a los hijos y las esposas.

I.3.2 *Asistencia y Preparación Escolar*

De la población en edad escolar, de 6 a 18 años de edad, solamente un 35.70 por ciento asistía a clases. Al investigar el porcentaje de los jefes de familia que llegaron a cada nivel de enseñanza primaria, observamos que un 44.11 por ciento no ha asistido nunca a clases, cifra que corrobora la información sobre analfabetos. Teniendo conciencia de esta deficiencia escolar, los entrevistados señalaron en muchos casos la necesidad de más escuelas como medio para mejorar su nivel de vida. Esta solución hubiese sido relativamente fácil de ejecutar si consideramos que en gran medida requería tan sólo una redistribución de las aulas y de los maestros disponibles, dado que no se apreciaba tanto escasez absoluta cuanto concentración en las ciudades. Aún considerando la distribución de los maestros rurales, se observa también una cierta tendencia a radicarlos a lo largo de la Carretera Central, principal arteria de comunicación de la Isla.

CUADRO 15

Preparación Escolar del Jefe de Familia de Trabajadores Agrícolas (1957)

Grado Superior Asistido	Individuos (%)
Ninguno	44.11
Primero	4.95
Segundo	9.62
Tercero	19.66
Cuarto	11.32
Quinto	5.94
Sexto	3.22
Séptimo	1.18

Fuente: Ibid.

I.3.3 *Características Educacionales en el Año 1946*

En este año se reportó una asistencia escolar de 39 por ciento de los niños de 5 a 14 años de edad, en comparación con un 35.4 por ciento en el año 1919, 35.1 en 1943 y 35.7 por ciento en 1957. El cuadro que se ofrece a continuación da idea de la distribución de la asistencia escolar durante el año 1943 en las distintas provincias de la República, observándose el fenómeno apuntado con anterioridad, de concentración de las facilidades de enseñanza en las provincias con mayor proporción de población urbana, especialmente en La Habana. Esta afirmación se evidencia aún más al observar, en el Cuadro 17, el número de alumnos por maestros para cada provincia así como su ingreso monetario.

CUADRO 16

Asistencia a Clases de la Población Escolar de Cuba
(1943)

Provincia	Total	Asistiendo (%)
Pinar del Río	95,670	32.5
Habana	189,987	68.6
Matanzas	73,708	59.0
Las Villas	203,995	24.7
Camagüey	103,420	28.2
Oriente	341,474	20.4
CUBA	1.008,254	35.1

Fuente: Lowry Nelson, *Rural Cuba:* University of Minnesota, 1951, pág. 228.

CUADRO 17

Alumnos por Maestro en las Distintas Provincias
(1943)

Provincia	Maestros	Alumnos/ Maestros	Ingreso Mensual del Maestro
Pinar del Río	1,417	68	$82.67
Habana	8,166	23	97.76
Matanzas	1,616	46	80.56
Las Villas	3,906	52	78.50
Camagüey	1,385	75	77.00
Oriente	3,268	104	78.00
CUBA	19,758	51	78.90

Fuente: Ibid. pág. 231.

Según el censo de 1943, la alfabetización de la población de Cuba alcanzaba al 61.3 por ciento, cifra que demuestra una tendencia ascendente desde el censo de 1899 en que es un 43.2 por ciento, a 61.6 por ciento, en 1919, estabilizándose alrededor de este nivel hasta 1943.

I.3.4 *Educación de la Población Agrícola y Urbana*

Comparar el nivel de escolaridad de la población agrícola con el de la urbana, es un primer paso tendiente a apreciar las diferencias en nivel de vida. El cuadro que aparece a continuación muestra la marcada desventaja de la población campesina. El mayor número de niños campesinos que abandonan la escuela a partir del cuarto grado, corrobora la tesis de que si bien en un principio la asistencia escolar es similar en ambas poblaciones, el niño campesino se ve obligado a abandonar la escuela alrededor de los 10 u 11 años, en que estando apto para realizar algunas labores útiles, se ve compelido a complementar los ingresos familiares. De la población urbana, aproximadamente un 20 por ciento de todos los individuos mayores de 16 años, han logrado terminar su enseñanza primaria, cifra seis veces superior a la que se observa para la población campesina.

CUADRO 18

Escolaridad de la Población Urbana y Rural

Grado Superior Asistido	Rural (1957)	Urbana (1953)
Analfabetos	43.09%	11.8 %
Sin asistencia escolar	44.10	15.57
Hasta primer grado	4.95	3.49
Hasta segundo grado	9.62	9.08
Hasta tercer grado	19.66	15.84
Hasta cuarto grado	11.32	18.34
Hasta quinto grado	5.94	14.07
Hasta sexto grado ·	3.22	20.16
Hasta séptimo grado	1.18	3.45

Fuente: Tribunal Superior Electoral, "Censo de Población, Vivienda y Electoral, Habana, P. Fernández y Cía., 1953, Tablas 36 y 40 y encuesta op. cit.

I.4 *Actitud del Trabajador Agrícola Frente a sus Problemas*

Uno de los aspectos de carácter social más interesante resultó de investigar la actitud del campesino cubano frente a su situación. Se pretendía conocer, en primer término, de qué factores esperaba él la mejoría en su nivel de vida y, en segundo lugar, de quienes vendría la acción eficiente para ello.

I.4.1 *Solución Esperada por el Trabajador Agrícola*

Se preguntó al jefe de familia: ¿Qué cree usted que conviene hacer para que la situación del campesino mejore?, ofreciendo a su elección cuatro soluciones: (1) más escuelas, (2) mayor número de caminos y carreteras, (3) más hospitales y (4) más fuentes de trabajo. Estas posibilidades fueron seleccionadas en la encuesta piloto por haber sido las más frecuentemente mencionadas, pensándose que no se perdería en información y se ganaría en precisión si se limitaba a ellas la elección del campesino.

CUADRO 19

Qué Considera más Conveniente el Trabajador Agrícola para Mejorar su Nivel de Vida
(1957)

Posibilidades de Mejora	Individuos (%)
Escuelas	18.86
Caminos	4.96
Hospitales	2.72
Trabajo	73.46

Fuente: Encuesta op. cit.

De los resultados de esta pregunta, lo primero que salta a la vista es que un 73.46 por ciento no solicita un aumento gratuito de sus ingresos, sino, más oportunidades de trabajo. En segundo lugar, aparece otra solución que también implica el deseo del campesino de responsabilizarse con su superación, al expresar un 18 por ciento de los entrevistados el interés de tener más escuelas. En tercer lugar fueron mencionados los caminos. Por último, la necesidad de hospitales fue mencionada por un 2.92 por ciento de los entrevistados. Ello no sólo implica que el campesino esté ajeno a la necesidad de una mejor asistencia hospitalaria, pero es un síntoma positivo de que no quiere tanto la ayuda gratuita del Estado, como la posibilidad de obtener mayores ingresos que le permita libremente atender por si mismo a estas necesidades.

I.4.2 *Problemas Señalados en 1946*

En la investigación realizada por el Profesor Lowry Nelson, también los campesinos fueron preguntados sobre cuál creían que era la solución a sus problemas más urgentes. Aunque el método de pregunta libre utilizado en 1946, resultó en más posibles soluciones que el de la encuesta del año 1957, éstas pueden ser agrupadas en forma similar, siendo su importancia relativa, la que se observa en el Cuadro 20, habiéndose omitido las soluciones a los problemas de la habitación y la vivienda, que fueron mencionadas en 104 oportunidades.

CUADRO 20

Distintos Problemas Apuntados por los Campesinos
(1946)

	Individuos (%)
Escuelas	23.76
Caminos	30.63
Hospitales	9.31
Trabajo	36.30

Fuente: *Rural Cuba,* op. cit., pág. 249.

I.4.3 *Comparación de los Problemas Considerados en 1946 y 1957*

Veamos la comparación de las soluciones deseadas por los campesinos en el año 1946 y en el 1957. La distribución es similar en ambas ocasiones, aún cuando en la encuesta de 1957, se daba más énfasis al trabajo y no aparecía ninguna solución que se refiriese a la que en *Rural Cuba* se ha denominado "problema de la vivienda". En 1957 disminuye la consideración de las escuelas, caminos y hospitales como solución. Sin embargo la solución buscada en el aumento de trabajo pasa de un 36.60 por ciento en el año 1946, al 73.46 por ciento en 1957.

CUADRO 21

Comparación de las Soluciones a sus Problemas Apuntadas por los Campesinos

	1946	1957
Escuelas	23.76%	18.86%
Caminos	30.63	4.96
Hospitales	9.31	2.72
Trabajo	36.30	73.46

Fuente: Cuadros 19 y 20

I.4.4 Quien Puede Brindar la Solución

Indagada cuál era la solución esperada, se pasó a investigar de quien creía más probable obtenerla. Se le preguntaba: Quién cree usted que puede hacer más por mejorar la situación del campesino?, dándosele cinco posibilidades: (1) el gobierno, (2) los patronos, (3) la Iglesia, (4) el sindicato y (5) la masonería. Los resultados recogidos en el cuadro que se ofrece a continuación permiten ciertas conclusiones interesantes.

CUADRO 22

Qué Institución Cree el Trabajador Agrícola que Puede Mejorar su Situación
(1957)

	Individuos (%)
Gobierno	68.73
Patrono	16.72
Iglesia	3.43
Sindicato	6.82
Masonería	4.30

Fuente: Encuesta. *Op. Cit.*

Se observa que el campesino en primer lugar vuelve sus ojos al Gobierno. No es este indicio de un sentimiento estatista, ni una proclividad hacia la socialización, sino más bien una actitud pragmática. Realizando que la acción oficial ha llegado a invadir todos los campos de la economía, considera, por tanto, que al Gobierno corresponde inducir a los factores de la producción a soluciones más productivas y como consecuencia de ello obtener mejorar su nivel de ingresos. En segundo lugar fueron mencionados los patronos como capaces de dar solución a su problema.

La solución por vía sindical es esperada solamente en el 6.82 por ciento de los casos. El dato indica su reconocimiento de que en ciertas oportunidades ha obtenido algunas mejoras por medio de la lucha sindical, pero no un sentimiento clasista indicador de un avance de las ideas sindicalistas o colectivistas. El sindicato es visto, más que como un instrumento de luchas, como un medio de reclamar del patrono y el gobierno, si no las medidas concretas que necesita, al menos el derecho a ser atendido.

En cuarto lugar, con un 4.30 por ciento, se menciona la masonería. Ello se debe, en gran parte no a la filiación masónica, que no sobrepasa del 2 por ciento, sino a cierta tradición de ver la masonería como una institución fraternal dedicada especialmente a solventar y aliviar problemas materiales. El ignorar la Iglesia Católica como posible fuente de solución, no significa necesariamente su convencimiento de que ella no se interesa por los pobres. Refleja esta respuesta un desconocimiento por parte de los campesinos, por culpa tal vez de la propia dirigencia católica, de que el catolicismo tiene una doctrina social adecuada cuyas aspiraciones y posibilidades superan a las del marxismo, pero que desafortunadamente, en ocasiones, no es conocida por aquéllos para quienes se formuló.

CAPITULO II

CONDICIONES ALIMENTICIAS Y SANITARIAS

El estado de salud de los trabajadores agrícolas, representado por los sindromes que presente, es principalmente resultado de su alimentación, tipo de asistencia médica y el suministro de medicina. Se analizó tan sólo las características del jefe de familia, pero es de suponer que de ello se puede inferir la situación de los demás miembros de la familia. Junto a las características fisiológicas y sanitarias, a las que se hará referencia en este capítulo, es necesario considerar las condiciones de la vivienda rural, las cuales modifican al ámbito en que se desenvuelve la vida del trabajador agrícola cubano.

II.1 *Alimentación*

II.1.1 *La Alimentación del Trabajador Agrícola en 1957*

¿Cuál es la alimentación típica promedio del jefe de familia? Al formular esta pregunta se tomó en consideración que la monotonía de la dieta del campesino permitía establecer un conjunto de alimentos básicos, a los cuales se podía hacer referencia. Las preguntas específicas eran: ¿qué ha desayunado usted hoy?, ¿qué almorzó ayer? y, ¿qué comió ayer? Como las entrevistas se realizaron en días diferentes, se supuso, y fue acertado hacerlo así, que se cubría la dieta promedio de la semana, y no la dieta típica de un día determinado.

Lo primero que debe notarse es el análisis cualitativo de las normas alimenticias. Una dieta adecuada requiere calorías en cantidad suficiente para un suministro de energías proporcionado al trabajo que se realiza, así como variedad para ofrecer los hidratos de carbono, proteínas, grasas, almidones, vitaminas y sales minerales necesarios.

Los datos que aparecen en el Cuadro 23 indican la frecuencia con que se mencionaron cada uno de los alimentos. La uniformidad de las respuestas hizo notar a los entrevistadores la monotonía de la dieta del campesino.

CUADRO 23

Alimentación del Jefe de Familia de Trabajadores Agrícolas
(1957)

Alimento	Frecuencia Relativa de Consumo (%)
Pan	3.36
Leche	11.22
Harina	7.14
Frijoles	23.38
Arroz	24.08
Yuca	9.44
Plátano	3.32
Malanga	4.66
Boniato	6.04
Calabaza	0.60
Pescado	0.72
Huevo	2.12
Carne	4.02

Fuente: Ibid.

Excluyendo el pan y la leche, cuya ingerencia se concentra en el desayuno, los alimentos pueden ser reagrupados en cuatro categorías básicas: (1) harina y arroz, (2) frijoles, (3) viandas y (4) pescado, huevo y carne. Es de suponer que en el almuerzo y la cena participaban algunas combinaciones de estos cuatro grupos. Las frecuencias correspondientes aparecen en el siguiente cuadro:

CUADRO 24

Dieta Básica del Jefe de Familia de Trabajadores Agrícolas
(1957)

Grupo	Frecuencia Relativa de Consumo (%)
Harina y arroz	36.54
Frijoles	27.25
Viandas	28.21
Carne, huevos y pescado	8.00

Fuente: Ibid.

Estrictamente hablando el Cuadro 23 sólo permite comparar la frecuencia de ingerencia de distintos alimentos, pero no facilita estimar exactamente el consumo individual, interpretación errónea que se le ha dado al citar esta información fuera de contexto. Sin embargo es posible inferir del Cuadro 24, en el supuesto de que una comida usual sea la combinación de un alimento del grupo 1 y 2, con uno del 3 ó 4, que el campesino comía carne, huevo o pescado 8 días al mes.

En la mayoría de los casos la leche fresca es dejada para los niños y el desayuno de los adultos es a base de café, pan y, en algunas ocasiones, leche condensada. Un factor providencial en esta dieta es el frijol, vegetal muy rico en proteínas, en comparación a otros países de Latinoamérica, en que el maíz representa el alimento básico de la dieta rural. En la encuesta no se estudió el consumo de azúcar, por la dificultad que significa el cálculo correcto del mismo, pero el alto promedio nacional indicaría un abundante consumo, el cual debido a su gran poder energético complementa los requerimientos calóricos del campesino.

Se atribuyó a cada alimento un número de calorías de acuerdo con la ración de consumo promedio, obteniéndose así que el promedio de calorías ingeridas diariamente era 2,500. Al considerar la labor agrícola como actividad moderadamente ruda, por cuanto existe un período de tiempo muerto en el año, se concluyó que el campesino necesitaría aproximadamente 3,000 calorías diarias. El déficit es probable que sea cubierto por ciertos alimentos como frutas y azúcar, que aún cuando forman parte de su dieta habitual no fueron estudiados en esta investigación.

II.1.2 *La Alimentación del Trabajador Agrícola en 1946*

Según Nelson, la dieta cubana estaba constituída principalmente a base de almidones, arroz, pan, vegetales, viandas y azúcar. El consumo nacional promedio de arroz, principal componente de la dieta, es de 110 libras al año por persona, aunque en alguna de las áreas investigadas se eleva a 200 libras. En segundo lugar le siguen las viandas en general y los frijoles, cuyo consumo es de aproximadamente 35 libras por persona al año, de los cuales el 50 por ciento eran frijoles negros. Frecuentemente no se consumen huevos por las familias campesinas, ya que ese producto es vendido. El aceite de cocinar es por lo general de maní y los vegetales verdes y amarillos no son usuales en la dieta. Algún tomate es utilizado, especialmente de las variedades más pequeñas, así como distintas frutas nativas. El consumo de café fluctúa entre las 20 y las 41 libras anuales por persona. En algunos casos se reportaba consumo de carne fresca de puerco y de res, de unas 300 libras al año por persona. A nuestro entender éste estimado es incorrecto si se refiere al consumo en el campo, aunque pudiera considerarse como aceptable para la ciudad de La Habana. Tampoco se aprecia un gran consumo de leche. En general podemos considerar como representativo de la dieta de la población rural en aquellos tiempos el cuadro que se ofrece a continuación y que es interesante comparar con los requerimientos mínimos de la dieta anual.

CUADRO 25

Consumo de Diversos Alimentos en las Familias Campesinas
(1946)

Alimento	Cantidad Absoluta	Cantidad Relativa %
Plátano	456	31.2
Vegetales	355	24.3
Arroz	194	13.3
Maíz	93	6.4
Frijoles	92	6.3
Puerco	86	5.9
Pan	86	5.9
Aceite	78	5.3
Pollo	20	1.4
Total	1,460	100.0

Fuente: Rural Cuba, op. cit., pág. 211.

CUADRO 26

Cantidades Requeridas para una Dieta Adecuada
(1946)

Alimento	Cantidad Absoluta	Cantidad Relativa %
Vegetales	242	23.6
Arroz, maíz, frijoles	161	15.7
Carnes	121	11.8
Pan	103	10.1
Vegetales amarillos y verdes	97	9.4
Frutas con vitamina C	97	9.4
Otras frutas	79	7.7
Azúcar	59	5.7
Grasas	48	4.7
Huevos	20	1.9
Total	1,027	100.0

Fuente: Ibid. pág. 212.

II.1.3 La Alimentación del Trabajador Agrícola en 1934

Conociendo la dieta mínima teórica que pudiera requerir un hombre adulto y los precios mínimos que regían en el año 1934, se puede estimar cómo eran necesarios $38.18 por persona al año, cifra que concuerda bastante con el promedio de gastos en alimentación de las familias de ingresos mínimos y medios.

CUADRO 27

*Alimentación Mínima Durante un Año
para un Hombre Adulto en Cuba*
(1934)

Alimento	Cantidad	Precios Promedio más bajos	Costo a los Precios más bajos
Arroz	100 lbs.	5 cts. la libra	$5.00
Harina de maíz	181 lbs.	2.5 cts. la libra	4.53
Pan de trigo	40 lbs.	7.5 cts. la libra	3.00
Leche íntegra	150 litros	4 cts. el litro	6.00
Manteca	45 lbs.	10 cts. la libra	4.50
Azúcar centrífuga	50 lbs.	3 cts. la libra	1.50
Carne	10 lbs.	10 cts. la libra	1.00
Frijoles	153 lbs.	5 cts. la libra	7.65
Vegetales	250 lbs.	2 cts. la libra	5.00
Total			$38.18

Fuente: Foreign Policy Association. *Problemas de la Nueva Cuba:* La Habana, Cultural, S. A., 1935, pág. 80.

Según el estudio de la *Foreign Policy Association,* en 1934 un 60 por ciento de las familias habían alcanzado un promedio de $300.00 a $600.00 de ingreso anual, que les permitía un nivel de subsistencia sin acumular reservas. En muchos casos la posibilidad de sobrevivir se debía a los cultivos por cuenta propia, en terrenos cedidos por el empleador.

II.2 Atención Médica

II.2.1 *Forma de Asistencia Médica*

De acuerdo con la encuesta, el promedio mensual de gastos de una familia campesina de 6 personas, es de $2.00.

En el Cuadro 28, puede observarse la frecuencia de cada tipo de atención médica recibida, destacándose la baja participación del Estado (8 por ciento).

CUADRO 28

*La Atención Médica del Jefe de Familia
de Trabajadores Agrícolas
(1957)*

	Individuos (%)
No recibe	1.20
Médico pago	80.76
Médico del Estado	7.98
Patrono o sindicato	4.46
Dispensario católico	4.02
Curandero	1.58

Fuente: Encuesta, op. cit.

II.2.2 *Suministro de Medicinas*

En relación al suministro de medicinas, cada entrevistador solicitó le enseñaran algunas de éstas a fin de determinar si provenían de los llamados "laboratorios chiveros", cuya relación ellos conocían. Estos laboratorios fraudulentos elaboran productos de dudosa o ninguna eficacia, con un costo de producción ínfimo, proponiéndolos a médicos de baja moral para que los receten a cambio de una comisión del 50% de la utilidad.

En los cuadros que aparecen a continuación se presenta la distribución de frecuencia de los distintos tipos de medicinas.

CUADRO 29

*Existencia de Medicinas
en la Vivienda de los Trabajadores Agrícolas*

	Familias (%)
Sin medicinas	29.51
Con medicinas	70.49

Fuente: Ibid.

CUADRO 30

*Origen de las Medicinas en las Casas
de las Familias de Trabajadores Agrícolas*
(1957)

Origen	Familias (%)
Receta local	46.67
Producto de laboratorio	53.33

Fuente: Ibid.

CUADRO 31

*Laboratorio del que Proceden las Medicinas Existentes
en las Viviendas de los Trabajadores Agrícolas*
(1957)

Origen	Familias (%)
Laboratorio conocido	74.77
Laboratorio fraudulento	25.23

Fuente: Ibid.

II.3 *Síndromes Presentados por el Jefe de Familia*

Conocidos estos tres aspectos básicos que influyen en la salud del campesino, cabe estudiar los síndromes que presentan.

Esto se realizó por dos métodos: primero preguntando las enfermedades que padecía o había padecido y en segundo término estableciendo algunos síntomas que caracterizan a las enfermedades más comunes en el universo que se investigaba. Personal médico especializado agrupó los síntomas establecidos para diagnosticar síndromes determinados. En el Cuadro 32 aparece la frecuencia de determinadas enfermedades que han sido padecidas por el jefe de familia.

CUADRO 32

*Enfermedades del Jefe de Familia
de Trabajadores Agrícolas*
(1957)

Enfermedad	Individuos (%)
Tuberculosis	13.99
Parásitos	36.10
Tifus	13.25
Paludismo	30.93

Fuente: Ibid.

La frecuencia de la tuberculosis en una comunidad es índice de su nivel de vida, en virtud de las causas que favorecen su desarrollo: la mala alimentación, los malos hábitos de vida y el agotamiento físico. El contagio de la tuberculosis se efectúa de persona a persona, siendo los factores citados siempre más frecuentes en los medios de bajo nivel de ingreso.

Las enfermedades de contaminación hidrotelúricas son aquellas que se trasmiten a través del agua y del contacto directo con la tierra, entre ellas se encuentran: la fiebre tifoidea, la disentería amebiana y el parasitismo intestinal. La frecuencia de las enfermedades hidrotelúricas refleja el adelanto sanitario de una comunidad, o sea la utilización de sistemas adecuados de abastecimiento de agua y disposición de desperdicios. El hecho de que un 13 por ciento de los trabajadores agrícolas hayan padecido tifoidea y un 36 por ciento declarasen haber padecido parasitismo, es comprensible si se recuerda que sólo un 6 por ciento de las viviendas tienen suministro de agua corriente y que en el 64 por ciento de los casos no existe inodoro o letrina sanitaria. En general los cuadros más graves de parasitismo los produce el *Necator Americano*, el cual no se adquiere por ingestión, sino que penetra a través del pie descalzo. El elevado índice de esta infección indica tanto la falta de letrina sanitaria, cuanto la frecuencia de andar sin zapatos. El paludismo es o ha sido padecido por un 31 por ciento de los campesinos, siendo la vía del contagio el mosquito.

A pesar del gran número de individuos que reportó haber estado enfermo en alguna oportunidad, solamente un 19.79 por ciento de los entrevistados declaró haber recibido asistencia hospitalaria. Estas son en resumen, las características más sobresalientes sobre la salud de las familias campesinas cubanas, según se infiere del análisis de los padres de familia y que refleja la situación económica que confrontan.

CAPITULO III

CARACTERISTICAS DE LA VIVIENDA

Al igual que en el pasado, el tipo de vivienda campesina más frecuente continúa siendo el "bohío", cuyas características no corresponden a los conceptos actuales sobre la vivienda adecuada. Como se ha apuntado anteriormente, en esta investigación se siguieron los lineamientos del censo de 1953, en lo que respecta a clasificación de las viviendas.

III.1 *Tipo de Construcción de la Vivienda Rural*

La función principal de la vivienda es proporcionar a sus ocupantes un ambiente físico y sicológico agradable. Con este supuesto básico, dado el clima de Cuba, podemos comprender cómo, mientras un piso de tierra es inadecuado para mantener el mínimo de higiene requerido, uno de madera, cemento o mosaico puede considerarse adecuado. Asimismo se requiere que las paredes al menos sean de madera y ensambladas apropiadamente. La construcción de cantería se considera factible en las zonas donde abunde la piedra, y la mampostería en los lugares donde es posible obtener buen barro para la fabricación de ladrillos. Para el techo habrá de descartarse el zinc, por ser un material de baja condición aislante, quedando otras tres soluciones: la teja de barro, planchas de asbesto-cemento o la cobija de guano. El techo de tejas o de planchas de asbesto-cemento, presenta el inconveniente de necesitar una estructura de asiento más sólida y requiere facilidades para obtener las tejas y repararlos, debido a las frecuentes tormentas tropicales. Ambos, sin embargo, ofrecen una solución higiénica, nítida y agradable. Las ventajas del techo de guano residen en su bajo costo, fácil construcción y reparación además de ser un buen aislante, por lo que el bohío se conserva fresco en verano y cálido en invierno. Tienen el inconveniente, no obstante, de su fácil combustión y que necesita ser fumigado con frecuencia, si se quiere mantener en condiciones higiénicas. Aún así, en las presentes circunstancias, el techo de guano continúa siendo una solución, si no óptima, al menos eficaz.

Puede concluirse que en lo que respecta a materiales las necesidades mínimas de la vivienda campesina quedan satisfechas con la combinación de: piso de cemento o madera, paredes de madera y techo de guano, o si es posible con paredes de cantería o ladrillo, las que generalmente se denominan casas de mampostería. Con este marco de referencia podemos pasar a las características de la vivienda de los trabajadores agrícolas.

III.1.1 Tipos de Construcción en 1957

Del análisis del Cuadro 33 se observa que sólo el 37.61 por ciento de las viviendas alcanzaban en 1957 el mínimo de condiciones requeridas en cuanto a materiales para ser consideradas como aceptables. Por otra parte, pocas de las viviendas que cumplen este mínimo demandado reúnen las condiciones de higiene, conservación y otras características necesarias para ser consideradas en conjunto como una habitación adecuada, de ahí que tan sólo un sector muy reducido de la población campesina disfrute de una vivienda aceptable.

CUADRO 33

*Materiales Predominantes
en la Vivienda de Trabajadores Agrícolas*
(1957)

Combinación de Materiales

Paredes	Techo	Piso	Viviendas (%)
Mampostería	tejas	cemento	0.80
Madera	tejas	mosaicos	2.50
Madera	tejas	cemento	1.70
Madera	tejas	madera	7.37
Madera	guano	cemento	19.49
Madera	tejas	tierra	2.04
Madera	guano	tierra	60.35
Otras	otras	otras	5.75

Fuente: Ibid.

III.1.2 *Tipos de Construcción en 1946*

Las viviendas de la población agrícola en el año 1946 no difieren esencialmente del patrón típico para Cuba. Según los datos del Profesor L. Nelson en 377 viviendas, aproximadamente la mitad de las del área investigada, tenía predominio el piso de tierra, distribuyéndose el resto según aparece en el Cuadro 34.

CUADRO 34

Diferentes Tipos de Piso de la Vivienda Campesina
(1946)

	Viviendas (%)
Tierra	50.85
Cemento	30.03
Mosaico	6.46
Madera	10.91
Otros materiales	1.75

Fuente: Rural Cuba, op. cit., pág. 203

El tipo de techo más frecuente, como es de suponer, era el de guano, siguiéndole el de tejas y zinc, según se aprecia en el Cuadro 35. En aquella época el costo de la construcción de un bohío con paredes de madera, techo de guano y piso de tierra, alcanzaba unos $200.00. Con techo de tejas, piso de cemento y paredes de buena madera, el costo del bohío aumentaba hasta $2,000.00.

CUADRO 35

Diferentes Tipos de Techo de la Vivienda Campesina
(1946)

	Viviendas (%)
Guano	69.30
Tejas	19.26
Zinc	9.96
Otros	1.48

Fuente: Ibid. pág. 204.

III.1.3 *Comparación de los Tipos de Construcción*

Comparar las viviendas rurales del año 1946 y 1957, presenta un balance desfavorable para el último año, aunque hubiese sido de esperar lo contrario. Vemos cómo en el año 1957 han aumentado los pisos de tierra y aparecen un 10 por ciento más de viviendas con techos de guano, mientras que el techo de tejas disminuye aproximadamente en el 5 por ciento.

CUADRO 36

*Distintos Tipos de Piso
de la Vivienda del Trabajador Agrícola*

	1946	1957
Tierra	50.85%	62.39%
Cemento	30.02	21.99
Mosaico	6.46	2.50
Madera	10.91	7.37
Otros	1.75	5.75

Fuente: Cuadros 33 y 34.

CUADRO 37

*Distintos Tipos de Techo
de la Vivienda del Trabajador Agrícola*

	1946	1957
Guano	69.30%	79.84%
Tejas	19.26	14.49
Zinc	9.96	—
Otros	1.48	5.75

Fuente: Cuadros 33 y 35.

III.1.4 *Materiales de la Vivienda Urbana y Rural*

En el Cuadro 38 es fácil observar como aquellas combinaciones que pueden ser consideradas como más desfavorables, aparecen en relación de 5 a 1 entre las viviendas de la población rural y la urbana.

CUADRO 38

Materiales Predominantes en la Vivienda Rural y Urbana

Paredes	Techo	Piso	Rural (1957)	Urbana (1953)
Mampostería	tejas	cemento	0.80%	51.9%
Maderas	tejas	mosaico	2.50	9.7
Maderas	tejas	cemento	1.70	15.6
Maderas	tejas	madera	7.37	6.4
Maderas	guano	cemento	19.49	3.4
Maderas	tejas	tierra	2.04	3.0
Maderas	guano	tierra	60.35	6.3
Otros	otros	otros	5.75	3.9

Fuente: Cuadro 33, y Tribunal Superior Electoral, op. cit., tabla 58.

III.2 Facilidades Sanitarias de la vivienda

III.2.1 Facilidades Sanitarias en 1957

Una de las características más importantes en toda vivienda es la existencia de servicio sanitario. Aunque no es posible proporcionar a todas las familias campesinas una instalación sanitaria similar a la de la ciudad, no es excesivamente ambicioso reclamar para ellas una letrina sanitaria, separada más de 30 metros del cuerpo principal de la casa. Sin embargo, tan sólo algo más de una tercera parte de las familias campesinas alcanzó el mínimo teórico propuesto.

CUADRO 39

Servicio Sanitario en la Vivienda de los Trabajadores Agrícolas
(1957)

	Viviendas (%)
Inodoro interior	2.08
Inodoro exterior	7.60
Letrina exterior	25.08
Letrina interior	1.28
Sin inodoro ni letrina	63.96

Fuente: Encuesta, op. cit.

III.2.2 Facilidades Sanitarias en 1946

Las características sanitarias de las viviendas en el año 1946; que se ofrecen en el Cuadro 40, destacan que sólo el 11.17 por ciento contaba con servicios sanitarios adecuados.

CUADRO 40

Servicio Sanitario en las Viviendas de Trabajadores Agrícolas
(1946)

	Viviendas (%)
Ninguno	61.36
Letrina no sanitaria	27.47
Letrina sanitaria	5.79
Inodoro	5.38

Fuente: Rural Cuba, op. cit., pág. 207.

III.2.3 Comparación entre 1946 y 1957

Al comparar los años 1946 y 1947 vemos, por el cuadro 41, que la ausencia de servicios sanitarios era algo mayor en el último año, mientras que el número de letrinas había disminuido en un 7 por ciento y el de inodoros había aumentado en un 4 por ciento.

CUADRO 41

Tipo de Servicio Sanitario de las Viviendas de Trabajadores Agrícolas

	1946	1957
Ninguno	61.36%	63.96%
Letrina	33.26	26.36
Inodoro	5.38	9.68

Fuente: Cuadros 39 y 40.

III.2.4 Comparación entre la vivienda Rural y Urbana

Podemos ver, en el análisis del Cuadro No. 42, que un 64 por ciento de las casas de los campesinos carecen de inodoro o letrina mientras que en la población urbana esto solamente ocurre en el 5 por ciento de las viviendas.

CUADRO 42

Servicios Sanitarios en las Viviendas Rurales y Urbanas

	Rural 1957	Urbana 1953
Inodoro interior	2.08%	47.3%
Inodoro exterior	7.60	14.4
Letrina exterior	25.07	29.2
Letrina interior	1.28	4.1
Sin inodoro ni letrina	63.97	5.0

Fuente: Cuadro No. 38 y Tribunal Superior Electoral. *Op. Cit.*, Tabla 58.

III.2.5 *Existencia de Baño o Ducha*

Complemento de toda instalación sanitaria son las facilidades de aseo: la bañadera o ducha. Pero en las viviendas campesinas es necesario distinguir entre ambos porque no suelen existir simultáneamente y tienen distinta importancia. Es de notar que si bien la existencia de una bañera o ducha no tiene la relevancia de los inodoros o letrinas, es un objetivo fácil de alcanzar, mas aún cuando por ello se entiende una habitación destinada especialmente al aseo con suministro de agua de un tanque abastecido, por una bomba manual, de un pozo cercano. No obstante esta aparente facilidad de construcción y sus ventajas en un clima tropical, los datos del Cuadro 43 indican que tan solo 17.38 por ciento de las viviendas llenaba estos requisitos mínimos.

CUADRO 43

Existencia de Bañera o Ducha en las Viviendas de los Trabajadores Agrícolas
(1957)

Bañera o ducha interior	5.76
Bañera o ducha exterior	11.62
Sin bañera ni ducha	82.62

Fuente: Encuesta op. cit.

III.2.6 *Comparación de la Vivienda Rural y Urbana*

En este caso las diferencias son menos marcadas que en lo que se refiere a facilidades sanitarias, como puede observarse en el Cuadro 44.

CUADRO 44
Existencia de Bañera o Ducha en las Viviendas Rurales y Urbanas

	Rural (1957)	Urbana (1953)
Bañera o ducha interior	5.76%	50.1%
Bañera o ducha exterior	11.62	14.8
Sin bañera ni ducha	82.62	35.1

Fuente: Cuadro 43, y Tribunal Superior Electoral, op. cit., tabla 58.

III.2.7 *El Suministro de Agua*

A pesar de la relativa facilidad con que es posible tener una instalación de agua en el interior de la vivienda, aún abastecida por un pozo cercano, no se observa más que en un 11.62 por ciento de las viviendas. No se investigó la distancia entre los pozos y los lugares de contaminación, pero se puede aceptar que del 42.22 por ciento de casas reportadas en malas condiciones higiénicas, una buena parte de las mismas fueron clasificadas como tal en función del deficiente suministro de agua potable.

CUADRO 45
Suministro de Agua en las Viviendas de los Trabajadores Agrícolas
(1957)

	Viviendas (%)
Agua de acueducto con instalación interior	3.26
Agua de acueducto con toma exterior a la casa	2.56
Agua de aljibe con instalación interior	5.28
Agua de río tomada directamente	0.30
Agua de pozo	88.60

Fuente: Encuesta op. cit.

CUADRO 46

Suministro de Agua en las Viviendas Rurales
(1946)

	Viviendas (%)
Pozo	75.0
Río	8.6
Arroyo	7.4
Acueducto	3.1

Fuente: Rural Cuba, op. cit., pág. 205.

III.2.8 Comparación del Suministro de Agua en 1946 y 1947

Al analizar las fuentes de agua que abastecen las viviendas rurales, como excepción, observamos una mejoría en 1957, con respecto al año 1946. Disminuye el suministro de agua de río y de arroyo, mientras que aumenta el suministro de agua de pozo y de acueducto.

CUADRO 47

Suministro de Agua Potable en las Viviendas Rurales

	1946	1957
Pozo	75.0%	88.60%
Río	8.6	0.30
Arroyo	7.4	5.28
Acueducto	3.1	5.88

Fuente: Cuadros 45 y 46.

III.2.9 Comparación de la Vivienda Rural y Urbana

El suministro de agua, como es de esperar, es otra característica en la que la población rural vuelve a mostrar desventaja en relación a la urbana.

CUADRO 48

Suministro de Agua en las Viviendas Rurales y Urbanas

	Rural (1957)	Urbana (1953)
Acueducto con instalación interior	3.26%	54.6%
Acueducto con instalación exterior	2.56	22.0
Aljibe con instalación interior	5.28	5.2
Agua de río	0.30	—
Agua de pozo	88.60	18.2

Fuente: Cuadro 45, y Tribunal Superior Electoral, op cit., tabla 58.

III.3 *Sistema de Alumbrado*

En opinión aceptada que la iluminación no es característica de la importancia de las anteriormente expuestas, de ahí que tan sólo debe considerarse como inadecuado el sector mínimo que carece totalmente de alumbrado.

III.3.1 *La Iluminación de la Vivienda Rural en 1957* *

CUADRO 49

Sistema de Iluminación de las Viviendas de Trabajadores Agrícolas
(1957)

	Viviendas %
Eléctrico	7.27
Acetileno	0.74
Luz brillante	89.85
Ninguna	2.14

Fuente: Encuesta op. cit.

III.3.2 *La Iluminación de la Vivienda Rural en 1946*

CUADRO 50

Sistema de Iluminación de las Viviendas Rurales
(1946)

	Viviendas (%)
Luz brillante	81.4
Electricidad	9.5
Gas	9.1

Fuente: Rural Cuba, op. cit., pág. 206.

III.3.3 *La Iluminación de la Vivienda Rural en 1946 y 1947*

Comparativamente parece existir un deterioro en el año 1957, pues disminuye el número de viviendas alumbradas por electricidad, aumentan las iluminadas por luz brillante y se reportan algunas sin iluminación.

CUADRO 51

Sistema de Iluminación de las Viviendas Rurales

	1946	1957
Luz brillante	81.4%	89.85%
Electricidad	9.5	7.27
Gas	9.1	0.74
Ninguno	—	2.14

Fuente: Cuadros 49 y 50.

III.3.4 *La Iluminación de la Vivienda Rural y Urbana*

Según el Cuadro 52 solamente el 7 por ciento de las viviendas rurales cuentan con iluminación eléctrica, en comparación con el 87 por ciento de las viviendas urbanas.

CUADRO 52

Sistema de Iluminación de la Vivienda Rural y Urbana

	Rural (1957)	Urbana (1953)
Eléctrico	7.27%	87.0%
Acetileno	0.74	0.3
Luz brillante	89.85	12.7
Ninguno	2.14	—

Fuente: Cuadro 49, y Tribunal Superior Electoral, op. cit., Tabla 58.

III.4 Número de Habitaciones por Vivienda

Consideradas las facilidades que brinda la vivienda rural, se hace necesario evaluar su capacidad para albergar a la familia promedio. No fue dable realizar una estimación de la densidad de ocupación por vivienda, pero en su defecto se obtuvo un dato que permite apreciar hasta qué punto cuentan los campesinos con la privacidad y amplitud necesarias. A este respecto es comúnmente aceptada la necesidad de 3 zonas de dormir en cada casa, a fin de poder separar los padres de los hijos y de que éstos cuenten con dormitorios diferentes según su sexo. En el cuadro que se expone a continuación se presenta solamente el número de habitaciones utilizadas para dormir, sin juzgar sobre la posibilidad de que algunas familias que utilizan una o dos habitaciones no necesiten más.

CUADRO 53

Habitaciones Utilizadas para Dormir en las Viviendas de los Trabajadores Agrícolas
(1957)

Número de Habitaciones	Viviendas (%)
1	41.64
2	43.76
3	12.96
4	1.64

Fuente: Encuesta, op. cit.

Como se puede apreciar, solamente el 1.64 por ciento de las viviendas rurales están en disposición de albergar a una familia promedio, con 4 hijos de distinto sexo y ocasionalmente algún familiar o amigo.

III.5 *Estado General e Higiénico de la Vivienda*

Desde un punto de vista cualitativo hay dos características que pueden resumir lo más esencial en una vivienda: el estado higiénico y la forma de conservación de la construcción. Se consideró en buen estado higiénico a una vivienda rural cuando: presentaba adecuada ventilación, con un mínimo de dos entradas de aire y luz por habitación; la iluminación era suficiente para leer sin dificultad; no se observaba ambiente de humedad o mal olor; y no se encontraron animales domésticos circulando por el interior o con fácil acceso al mismo. Se consideró como mala la higiene de una vivienda cuando no cumplía con los requisitos anteriores y se clasificó como regular a aquéllas que caían entre estos extremos. Obviamente no se fue muy exigente para clasificar como adecuada la higiene de una vivienda, lo que hace más reveladores aún los datos que, sobre esta característica, se ofrecen en el Cuadro 54.

CUADRO 54

Condiciones Higiénicas de la Vivienda de Trabajadores Agrícolas
(1957)

	Viviendas %
Buenas	18.45
Regular	39.53
Malas	42.22

Fuente: Encuesta op. cit.

Se evaluó además el estado general de la vivienda como complemento de los factores analizados. Más que como un juicio de valor absoluto, debe aceptarse esta clasificación como medida de la forma en que la construcción había resistido los embates del tiempo, para mantener las especificaciones con que fue construída. El hecho de considerarse bueno el estado de una vivienda, no impedía que la unidad careciera de las condiciones adecuadas para prestar el servicio que de ella demandaban sus ocupantes.

Se clasificó por bueno el estado de una vivienda que se encontraba en iguales o parecidas condiciones de cuando fue construída. Por malo se entendió, siguiendo las definiciones del Censo de Viviendas de 1953, cuando las deficiencias en su construcción, o el grado de deterioro de la misma, eran de tal naturaleza que no proporcionaban protección adecuada de los fenómenos atmosféricos. Por regular se clasificó, cuando, por exclusión, no podía considerarse ni buena ni mala.

CUADRO 55

Estado de Conservación de la Vivienda de Trabajadores Agrícolas
(1957)

	Viviendas %
Bueno	22.10
Regular	35.56
Malo	42.34

Fuente: Ibid.

III.5.1 *Condiciones de las Viviendas Rurales en 1946*

Las condiciones generales se pueden inferir de un grupo de 740 viviendas investigadas por el Profesor Nelson.

CUADRO 56

Estado de Conservación de la Vivienda Rural

	Viviendas %
Buenas	29.7
Regular	37.2
Malas	33.1

Fuente: Rural Cuba, op. cit., pág. 205.

III.5.2 *Comparación del Año 1946 y 1957*

Al comparar la información para los años 1946 y 1957 vemos que el número de viviendas en estado bueno y regular disminuye en el año 1957, aumentando por consiguiente las que estaban en malas condiciones en un 9 por ciento.

CUADRO 57
Estado de Conservación de la Vivienda Rural

	1964	1957
Buenas	29.7%	22.10%
Regular	37.2	35.56
Malas	33.1	42.34

Fuente: Cuadros 54 y 55.

III.5.3 *Comparación de la Vivienda Rural y Urbana*

Al comparar el estado de la vivienda de los sectores urbano y rural podremos observar nuevamente la evidente desventaja en que se encuentra la población agrícola, en la que un 42 por ciento de las viviendas eran consideradas en mal estado en comparación con el 8 por ciento en la población urbana.

CUADRO 58
Estado de Conservación de la Vivienda Rural y Urbana

	Rural (1957)	Urbana (1953)
Bueno	22.10%	53.8%
Regular	35.56	37.6
Malo	42.34	8.6

Fuente: Cuadro 54, y Tribunal Superior Electoral, op. cit., Tabla 58.

III.6 *Tipo de Tenencia de la Vivienda*

Aunque el tipo de tenencia de la vivienda es una característica económica, resulta más conveniente anticipar su tratamiento para el presente capítulo. En el cuadro que se da a continuación podemos ver cómo más de la mitad de las familias campesinas ocupan gratuitamente una vivienda, aún cuando no era propia. Por otro lado, un 30 por ciento de los trabajadores agrícolas ha construído su vivienda sobre un terreno que no le pertenece.

CUADRO 59

Forma de Tenencia de la Vivienda de Trabajadores Agrícolas
(1957)

	Vivienda (%)
Sin pagar alquiler	55.48
Alquilada	4.98
Vivienda propia	30.44
Vivienda y solar propios	9.10

Fuente: Encuesta op. cit.

III.6.1 Comparación de la Posesión de las Viviendas Rurales y Urbanas

Podemos observar que aparecen sin pagar alquiler 6 veces más viviendas rurales que urbanas. La vivienda propia en terreno ajeno alcanza en las zonas rurales 3 veces la frecuencia de las poblaciones urbanas. En cuanto a la vivienda y solar propio la población urbana presenta el doble de familias totalmente propietarias, en comparación con los trabajadores agrícolas.

CUADRO 60

Tipo de Tenencia de la Vivienda Rural y Urbana

	Rural (1957)	Urbana (1953)
Sin pagar alquiler	55.48%	9.2%
Alquilada	4.98	54.9
Vivienda propia	30.44	9.7
Vivienda y solar propio	9.10	22.4

Fuente: Cuadro 59, y Tribunal Superior Electoral, op. cit., Tabla 58.

CAPITULO IV
CARACTERISTICAS ECONOMICAS

Investigar el nivel de ingresos de los trabajadores agrícolas cubanos fue el objetivo primordial de la encuesta realizada en 1957. Aunque el nivel de vida no está determinado exclusivamente por los ingresos monetarios ha de darse a este aspecto la importancia que merece. Además, conocer las características que rodean y condicionan la actividad productiva del trabajador agrícola, permitirá valorar mejor la información sobre su nivel de ingreso.

IV.1 *Composición de la Fuerza Laboral*

IV.1.1 *La Fuerza Laboral en 1957*

El número de hombres que trabajan en cada familia es de 1.73, durante 23.69 horas a la semana como promedio anual. Esto no significa que en todas las semanas del año éste sea el ritmo de trabajo, ya que las horas de trabajo de la semana típica son 40.93.

El 1.67 por ciento de la fuerza laboral lo constituyen las mujeres, en contraste con otros paises en desarrollo, donde las mujeres comparten el peso de las duras labores del campo. Clasificando por edades se observa que los jefes de familia mayores de 60 años representan sólo el 49.94 por ciento de la fuerza laboral activa.

CUADRO 61
Composición de la Fuerza Laboral Agrícola
(1957)

	Individuos (%)
Mujeres que trabajan	1.67
Jefes de familia que trabajan:	
mayores de 60 años	14.94
entre 20 y 60 años	85.06

Fuente: Encuesta op. cit.

IV.1.2 *La Fuerza Laboral en la Población Urbana*

En la composición de la fuerza laboral urbana es mucho más frecuente la participación de la mujer, indicando una aportación más a los ingresos de la familia urbana, pero que puede representar un costo sicológico por la ausencia de la mujer del hogar.

IV.1.3 *Comparación de la Población Urbana y Rural*

En la comparación que presenta el Cuadro 62 vemos una característica desventajosa para el sector campesino, dado que en éste el 15 por ciento de la fuerza laboral tiene más de 60 años, mientras que en las ciudades solamente el 4 por ciento.

Esto, aunque también pudiera significar una mayor vida activa en las zonas rurales, creemos, sin embargo, que más bien refleja el hecho de que en la familia rural no se cuenta con los recursos necesarios para financiar un retiro a edad temprana.

CUADRO 62

Comparación de la Fuerza Laboral Urbana y Rural

	Rural (1957)	Urbana (1953)
Mujeres	1.67%	22.46%
Más de 60 años	14.94	4.31
Entre 20 y 60 años	85.06	95.69

Fuente: Cuadro 61, y Tribunal Superior Electoral, op. cit., Tabla 43.

IV.2 *Jornada de Labor*

Debe recordarse que la jornada que se infiere del Cuadro 63 refleja el hecho de que, durante la época de zafra, que cubre la mitad del año agrícola en Cuba, se trabajan los 7 días de la semana.

CUADRO 63

Días Trabajados Semanalmente
(1957)

Días de Trabajo	Trabajadores (%)
Menos de 4	8.72
5	6.35
6	35.09
7	49.84

Fuente: Ibid

IV.3 *Forma de Trabajo.*

Otro aspecto de interés es el de los instrumentos de labor utilizados.

CUADRO 64

Instrumento Utilizado en las Labores Agrícolas
(1957)

Tipo de Instrumento	Trabajadores %
Manual	86.30
Energía animal	9.67
Mecánico	4.03

Fuente: Encuesta op. cit.

Se denominó manual a todo trabajo que se realice con guataca, machete u otro instrumento manejado directamente por el trabajador. Obsérvese que el trabajo con instrumentos mecánicos aparece tan sólo en un 4.03 por ciento de los entrevistados.

IV.4 *Forma de Pago*

Otro aspecto socioeconómico interesante es la forma de pago en las labores agrícolas. Como puede observarse en el cuadro que aparece a continuación, un 12.46 por ciento no recibe el pago totalmente en efectivo y un 4 por ciento sólo es pagado en especie, estando por tanto sometidos en cierto modo a un régimen que restringe apreciablemente su libertad. Hay que destacar que como "vales" no se consideró el documento de pago y liquidación de haberes que emiten las fincas cañeras para que el trabajador reciba el efectivo del ingenio azucarero o de quien refacciona la explotación agrícola. Al hablar de "vales" en esta oportunidad nos referimos a instrumentos de pago de fuerza liberatoria limitada que emiten los patronos para comprar en determinados establecimientos que, por lo general, al ser de su propiedad, le permiten fijar precios más altos y disminuir el salario real del trabajador. Impresiona conocer que 5,000 trabajadores agrícolas aún trabajan en 1957 a cambio de su manutención.

CUADRO 65

Trabajos Agrícolas Pagados Parcial o Totalmente en Especie
(1957)

Forma de Pago	Trabajadores (%)
Vales y efectivo	5.96
Comida y efectivo	2.50
En vales solamente	3.00
En comida solamente	1.00
En efectivo	87.54

Fuente: Ibid.

IV.5 *Ingreso de los Trabajadores Agrícolas* ..

IV.5.1 *Ingreso Monetario Total*

En el Cuadro 66 se presenta la distribución de frecuencia de los ingresos en efectivo en intervalos de $100.00, desde ingresos menores de $99.00 hasta mayores $1,200.00. Es necesario recordar que este ingreso en efectivo es complementado por bienes de producción propia, y retribuciones en especie, por lo que el ingreso real de la familia es mayor.

Dado que la información original no pudo ser rescatada de Cuba, la distribución de frecuencia de la que se ha reconstruido el Cuadro 66 era de intervalo abierto para la última clase, $1,200 o más = 97 familias. En la nueva distribución de intervalo cerrado, la frecuencia de 97 se ha situado en un intervalo $1,600 - $1,699, a fin de que la muestra tenga la misma medida aritmética que fue calculada previamente a la agrupación de la información. La desviación normal, media geométrica, mediana y moda, han sido calculadas de la distribución de frecuencia ajustada que aparece en el Cuadro 66. A la desviación *standard* le ha sido aplicada la corrección de Sheppard

$$s^2{}_0 = s^2 - \frac{1}{12}.h$$

CUADRO 66

Ingreso de las familias de trabajadores Agrícolas
(1957)

Ingresos	Frecuencia	Frecuencia Acum. Límite Inferior	Frecuencia Acum. Límite Superior	% Acum. de Ingreso
0 - 99	9	1,000	9	0.07
100 - 199	55	991	64	1.32
200 - 299	88	936	152	4.65
300 - 399	141	848	293	12.18
400 - 499	162	707	455	23.15
500 - 599	98	545	553	31.31
600 - 699	92	447	645	40.36
700 - 799	66	355	711	47.86
800 - 899	76	289	787	57.64
900 - 999	49	213	836	64.68
1,000 - 1,099	38	164	874	70.72
1,100 - 1,199	29	126	903	75.77
1,200 - 1,299	—	97	903	75.77
1,300 - 1,399	—	97	903	75.77
1,400 - 1,499	—	97	903	75.77
1,500 - 1,599	—	97	903	75.77
1,600 - 1,699	97	97	1,000	100.00

$S = \$410.00$ $v = 62\%$ IC

$X = \$658.22$ .99

Media Geo, $= \$537.81$ 624.75 691.69

Med. $= \$544.91$ 386.34 433.66

Mod. $= \$450.00$

$S_{\bar{x}} \% \ 12.96$ IC

 .95

$S_s \% \ 9.17$ 632 82 683.62

 392.03 427.97

$S_{med} = \$16.20$

Fuente: Ibid.

Hay que tener en cuenta que en este ingreso se incluye, no sólo el salario o los jornales sino también los ingresos por ventas. Los productos se valoraron por el precio al detalle que regía en la comunidad. Se estima que de los ingresos en efectivo, el 86.24 por ciento está constituído por el salario o jornal. Insistimos no obstante, que esto no da el ingreso real ya que no se valoraron los alimentos que para su consumo propio el trabajador cultivaba. Tampoco se computó el ingreso que representaba la vivienda, por la cual no pagaba alquiler, o cualquier otra contribución que recibiese en especies.

Como complemento al Cuadro 66 se ofrecen los Gráficos I al IV. El Gráfico I, mediante una curva Lorenz, presenta la divergencia de la distribución del ingreso con una distribución totalmente igualitaria, representada por la diagonal. El Gráfico II permite comprobar si la distribución del logaritmo del ingreso es normal. Que la distribución original no es normal, se demuestra por ser el valor de $x^2 = 1,220,48$, muy superior al valor aceptado para una distribución normal con 14 grados de libertad. En el Gráfico III se ofrece la distribución de frecuencia en unidades logarítmicas. Por último el Gráfico IV da la distribución organizada de acuerdo a la curva de Pareto: Número de familias con ingreso mayor de Ii para cada nivel de ingresos Ii. El valor absoluto de la pendiente de la línea encontrada mide la concentración del ingreso.

Las características de tendencia central de la muestra son: media = \$658.22, mediana = \$544.91, moda = \$450.00, media geométrica = \$537.81, lo que prueba una concentración hacia los niveles superiores de ingreso. Las características de dispersión son: desviación standard = \$410.00, coeficiente de variabilidad = 62 por ciento y amplitud = \$1,700. Dados estos valores, la desviación normal de la media será $s_{\bar{x}}$ = \$12.96. Aunque la población investigada no sigue una distribución normal, podemos afirmar que, dado el método usado, en un 99 por ciento de las ocasiones la media de la muestra estará contenida en el intervalo de \$624.75 a \$691.69.

IV.5.2 *Ingreso por Hora de Labor*

En el Cuadro 67 se puede observar que el número de horas

totales trabajadas por remuneración fue de 1,230, a un salario promedio de $0.26 la hora. En los trabajos en plantaciones azucareras, los ingresos por hombre en efectivo suman $220.23 anuales dando un promedio de $0.27 la hora hombre. El trabajador tabacalero recibió $223.35 anuales pero alcanzó un promedio inferior en el ingreso por hora de labor, que fue sólo de $0.24.

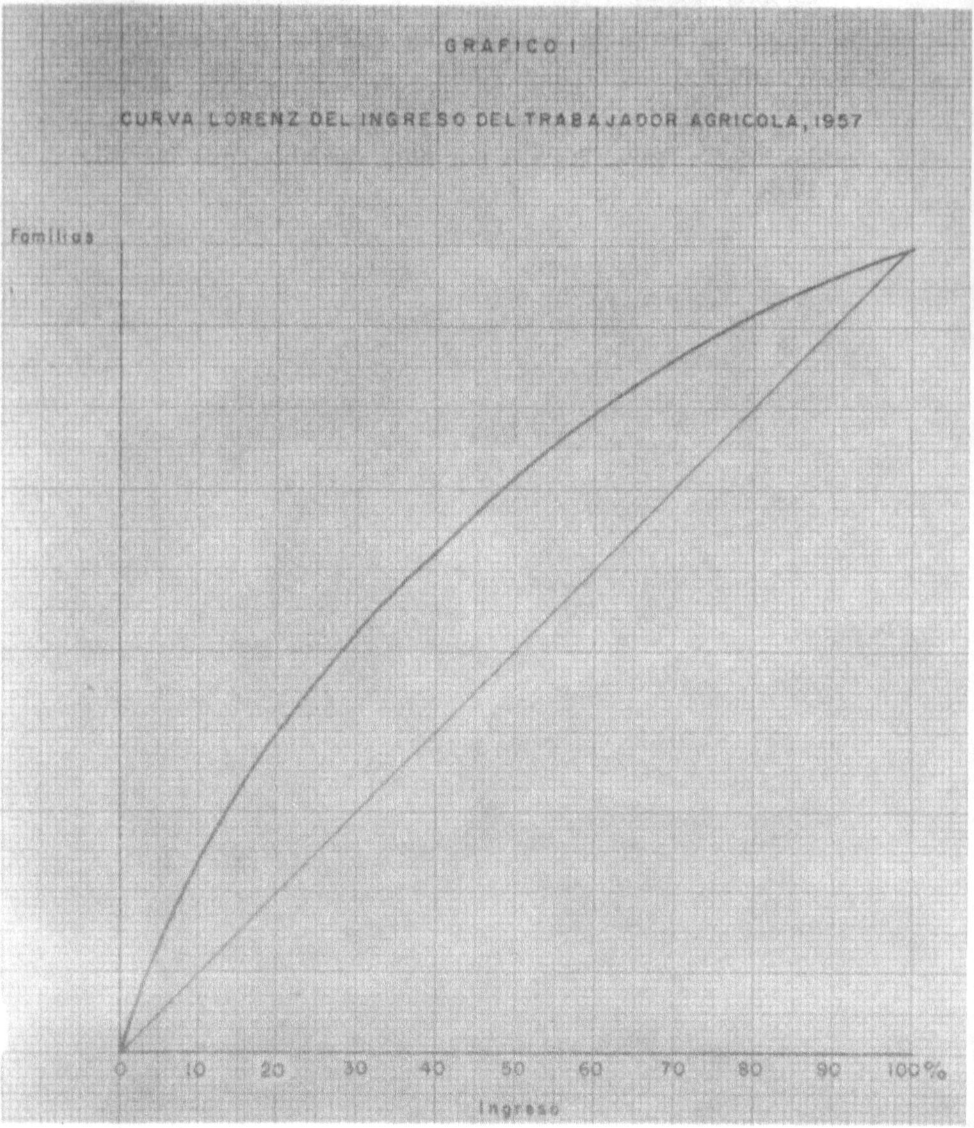
GRAFICO I
CURVA LORENZ DEL INGRESO DEL TRABAJADOR AGRICOLA, 1957
Familias
0
10
20
30
40
50
60
70
80
90
100%
Ingreso

GRAFICO II.— DISTRIBUCION DEL LOGARITMO DEL INGRESO, 1957

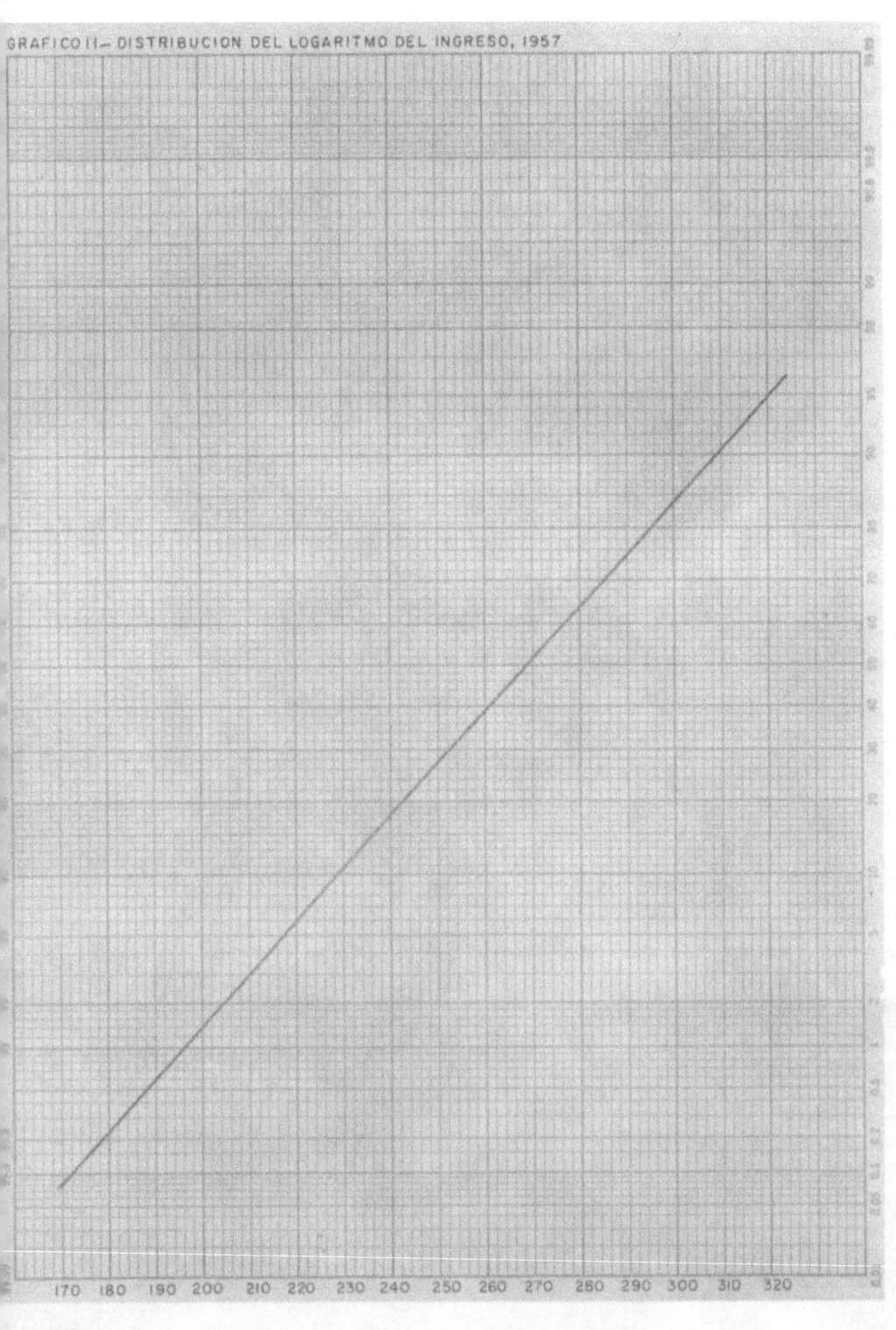

GRAFICO III

DISTRIBUCION LOGARITMICA DEL INGRESO

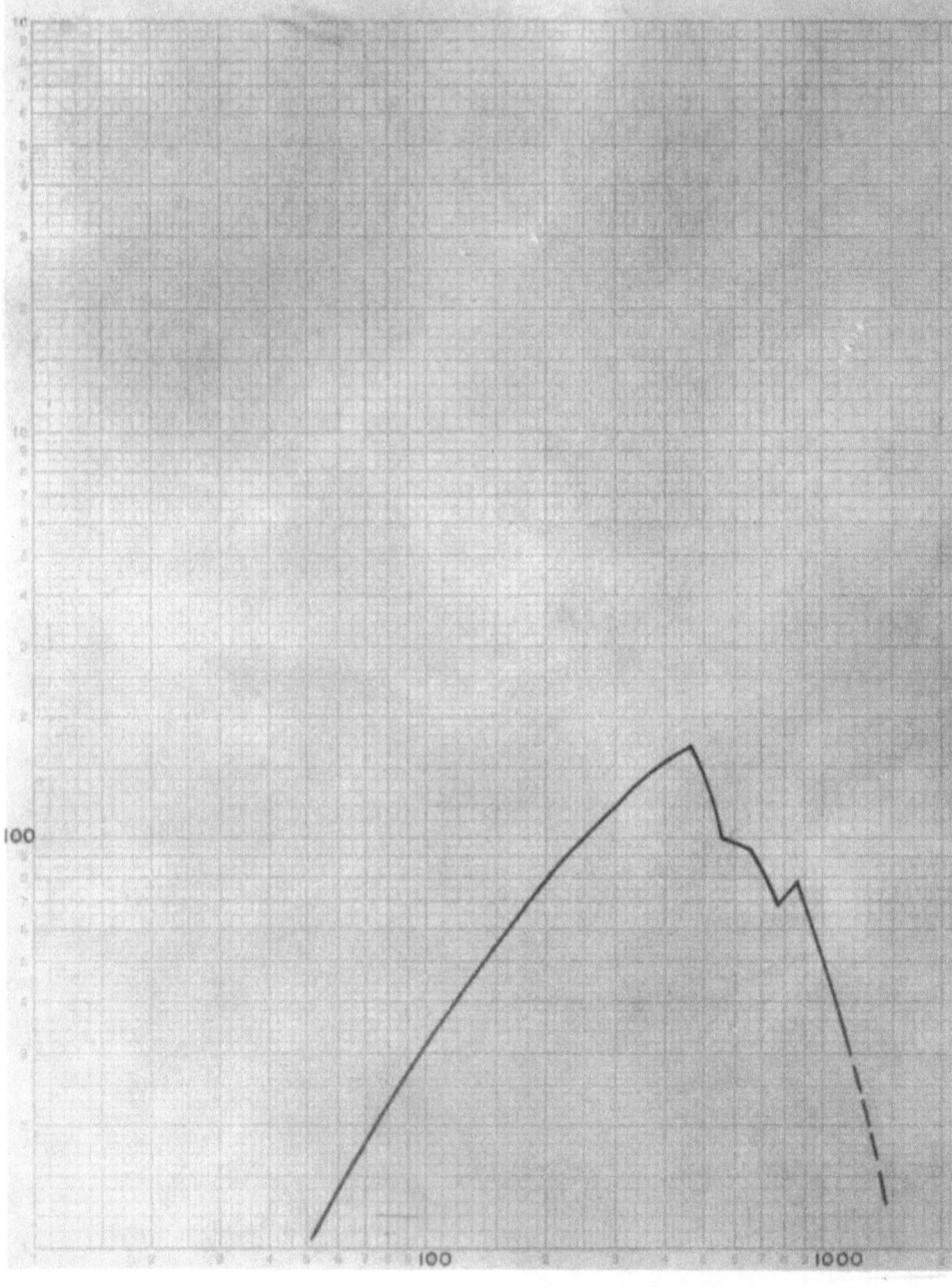

GRAFICO IV

CURVA DE PARETO

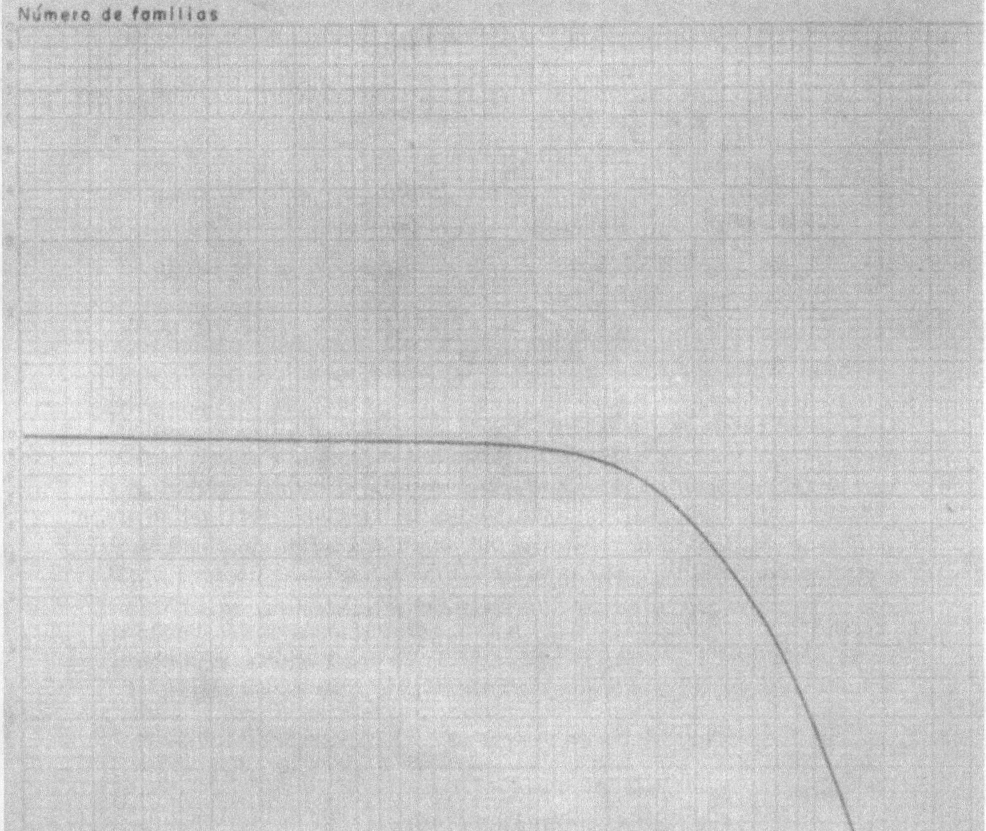

Número de familias

100   1000

Ingreso mayor de

CUADRO 67

Ingreso Promedio por Hombre y por Hora en Total y en las Dos Cosechas Principales
(1957)

Ocupación	Número de horas	Remuneración por hora	Ingreso Anual
Azucarera	816	$0.27	$220.23
Tabacalera	930	0.24	223.35
Todas	1,230	0.27	332.10

Fuente: Ibid.

Observemos que este cuadro nos da sólo el ingreso por salario personal y no por familia, de ahí la discrepancia aparente con la información del Cuadro 66, que es el ingreso en efectivo por familia, incluyendo pues el de todos los miembros, así como los ingresos de cultivos vendidos por cuenta propia. Una comprobación interesante, pero que desafortunadamente no se realizó, hubiese sido comparar los resultados del Cuadro 67 con promedios extraídos de las nóminas de compañías agrícolas cañeras y tabacaleras. En nuestra impresión que los ingresos reportados mostraban un cierto sesgo depresivo más que de exceso.

En el Cuadro 68 se presenta las horas que como promedio son trabajadas por la unidad familiar a cambio de sueldos o salarios.

CUADRO 68

Número de Horas de Trabajo Retribuídas en Efectivo de las Familias Agrícolas
(1957)

Período	Horas..
Al año	2,128.50
A la semana	40.93

Fuente: Ibid.

IV.5.3 *Ingresos de las Familias de Trabajadores Agrícolas en 1946.*

El nivel de vida de la familia agrícola cubana durante el año

1946, según expone el Profesor Nelson, fue superior a los años precedentes y en especial al de los primeros años de la década de 1920. Los trabajadores pudieron obtener, a la caída del régimen del General Gerardo Machado en 1933, una legislación protectora de sus derechos que incluían el descanso retribuido, la semana de 44 horas, la jornada de 8 horas y otras conquistas similares. Esto provocó el aumento de los salarios tanto en la agricultura como en la industria. A pesar de que el ingreso medio para el agricultor no sobrepasó a fines de 1940 $1.00 por día, fue sin embargo superior a los ingresos de principios de siglo. En 1944 los salarios, de acuerdo a su nivel, aumentaron por decreto en un 10, 15 ó 20 por ciento. Otros aumentos se obtuvieron por medio de los contratos colectivos de trabajo. En abril de 1944 el salario mínimo general se fijó en $2.00 diarios para el trabajador urbano y en $1.60 para el trabajador rural. Después de 1946 el salario mínimo para los trabajadores azucareros fue de $1.92 diarios. En una encuesta realizada en 1945 en el Central Florida, el ingreso promedio anual por trabajos, fluctuó entre $448.00 y $793.00 por familia con un promedio de 1.77 trabajadores por unidad familiar.

IV.5.4. *Ingreso de las Familias Agrícolas en 1934.*

Según "Problemas de la Nueva Cuba" ya citado, la familia rural cubana promedio estaba constituída por cinco miembros y su ingreso era menor que los $90.00 por persona en que se consideró el Ingreso Nacional per cápita del año 1934. Las familias clasificadas como de clase pobre, contaban con ingresos anuales de $600.00, siendo la media de ingreso real de $382.00 y el número de personas por familia de 4.34, con lo que el ingreso real fue de $84.00 al año por persona. Se hizo una encuesta en una finca tabacalera, cercana a la ciudad de La Habana, y ésta fué tomada como muestra de los ingresos que recibía la población dedicada al cultivo del tabaco. La media del ingreso real fue de $546.00 por familia, de acuerdo a las distintas partidas que se observan en el Cuadro 69. La media del ingreso en esa zona era de $350.00 a $400.00 al año, por familia. Sin embargo, apuntaba el estudio que éste era un caso excepcional pues en algunas otras fincas tabacaleras se pagaba en promedio solamente $361.00 al año en efectivo.

CUADRO 69

Ingresos en una Zona Productora de Tabaco
(1934)

	Valor Absoluto	Valor Relativo
Jornales y sueldo	$410.00	71.46%
Servicios médicos	15.00	2.64
Regalos de la empresa	2.00	0.36
Seguro de desempleo	10.00	1.76
Vivienda gratis	60.00	10.48
Agua potable	10.00	1.76
Combustible	5.00	0.88
Ropa hecha	7.00	1.24
Producción de hortalizas	45.00	7.88
Producción de ganado	10.00	1.76
Total	$574.00	

Fuente: Problemas de la Nueva Cuba, op. cit. pág. 76.

Para los trabajadores azucareros el nivel de ingresos fue inferior al de los trabajadores del tabaco, lo cual concuerda con lo que se apreció en la encuesta de 1957. En un central azucarero cercano a la ciudad de Pinar del Río, el ingreso real medio por familia fue de $345.00 al año, en general no rebasando los $400.00 anuales, aunque por supuesto mayor que el promedio de 1933 en el que no se aprecian ingresos superiores a los $250.00 al año por familia.

CUADRO 70

Ingresos en una Zona Azucarera
(1934)

	Valor Absoluto	Valor Relativo
Jornales	$200.00	57.97%
Vivienda gratis	36.00	10.43
Combustible	20.00	5.80
Ropa hecha en la casa	6.00	1.74
Producción de hortalizas	63.00	18.26
Producción de ganado	20.00	5.80
Total:	$345.00	

Fuente: Ibid., pág. 77

De otra encuesta que comprendía a 41 familias de distintas zonas típicas, y cuyos resultados se ofrecen en el Cuadro 71 se ve cómo el promedio de ingresos no fue superior a $373.44, fluctuando desde $100.00 hasta cerca de $600.00.

CUADRO 71

Ingreso Anual de 41 familias de Trabajadores Agrícolas
(1934)

	Número de Familias	Porcentaje
Menos de $100.00	0	0.00
De $100.00 a $199.00	3	7.30
De 200.00 a 299.00	7	17.05
De 300.00 a 399.00	15	36.65
De 400.00 a 499.00	9	21.95
Más de $500.00	7	17.05

Media aritmética $373.44.

Fuente: Ibid., pág 82 a 86.

IV.5.5. Distintas Fuentes de Ingreso

En los Cuadros 72 y 73 se aprecia cómo las familias de ingresos medios tenían mayores ingresos en especie que en efectivo, mientras que en el caso de la familia pobre, el peso de sus ingresos en efectivo, con el 60.55 por ciento, supera al de las familias de ingresos medios, e igualmente ocurre con los ingresos por salarios que en el primer caso son del 61.68 por ciento del ingreso total.

CUADRO 72

Origen de los Ingresos de las Familias Campesinas Pobres
(1934)

Origen del Ingreso	Valor Absoluto	Valor Relativo
Total de los salarios o ganancias por contrato	$151.33	61.68%
Total de ingresos de la industria casera	56.47	23.02
Total de subsidios	10.33	4.29
Total de productos de los sitios de labor	17.53	7.15
Total de otras fuentes de ingresos	9.47	3.86
Total en especie	96.80	39.45
Total en dinero	148.53	60.55
Total combinado	245.33	100.00

Media aritmética $245.33

Fuente: Ibid., pág. 90.

CUADRO 73

Origen de los Ingresos
de las Familias Campesinas de Posición Media
(1934)

Origen del Ingreso	Valor Absoluto	Valor en Especie
Total de salarios o ganancias por contrato	$212.52	47.88%
Total de ingresos por industria casera	71.48	16.11
Total de subsidios recibidos	11.68	2.63
Total de productos de los sitios de labor	101.84	22.95
Total de otras fuentes de ingreso	46.28	10.43
Total en especie	182.96	41.22
Total en dinero	260.84	58.55
Total combinado	443.80	100.00

Media aritmética $443.80

Fuente: Ibid., pág. 90.

IV.5.6 *Comparación de las Fuentes de Ingreso en Efectivo*

En 1934 las familias clasificadas como pobres recibían todos sus ingresos en efectivo por concepto de jornales, mientras que en las de ingresos medios un 18 por ciento de su disponibilidad de efectivo provenía de cultivos vendidos por cuenta propia.

Como hemos apuntado anteriormente, no se estimó el ingreso real en 1957; sin embargo 1934 se consideró que como promedio, las familias estudiadas recibían un 40 por ciento de su ingreso real en especie. Si se acepta esto como punto de comparación, tenemos un estimado del ingreso real para 1957 de $1,100 por famliia; otra hipótesis basada en los ingresos en efectivo de la familia de ingresos medios, permite estimar que el ingreso en efectivo de $658.22 constituía el 80 por ciento del ingreso real, siendo éste pues $825.00.

CUADRO 74

Origen de los Ingresos en Efectivo de las Familias Campesinas

	(Pobres) 1934	(Medianas) 1934	1957
Por salarios o jornales	100%	82%	86%
Por ventas por cuenta propia	—	18	14
Ingreso en Efectivo	$148.53	$260.84	$658.22
Estimado Ingreso Real	245.33	443.80	$825 a 1,100

Fuente: Cuadros 72 y 73.

CUADRO 75

Comparación de los Ingresos en 1934 y 1957

	Zona Azucarera		Zona Tabaquera	
	1934	1957	1934	1957
Jornales	$200.00	$220.23	$410.00	$223.35

Fuente: Cuadros 67, 69 y 70.

IV.6 *Patrón de Gastos*

IV.6.1. Gastos en 1967

Otro de los aspectos interesantes a considerar, es la distribución de los gastos, la cual se muestra en el Cuadro 76. De éste hay que destacar que el campesino dedica solamente un 1.69 por ciento de sus ingresos a la vivienda, cifra que concuerda con la que se conoce sobre forma de tenencia y estado de conservación e higiene de las viviendas. El juego, en contra de lo que se esperaba, apareció como partida más pequeña con el 1.59 por ciento de los gastos mensuales.

CUADRO 76

Gastos de las Familias de Trabajadores Agrícolas en un Mes
(1957)

Tipo de Gasto	Valor Absoluto	Valor Relativo
Vivienda	$ 0.85	1.69%
Vestidos	7.08	14.06
Alimentos	34.87	69.30
Servicios	3.78	7.51
Atención Médica	2.00	3.97
Varios	0.95	1.88
Juegos	0.80	1.59
Total	50.33	100.00

Fuente: Encuesta op. cit.

IV.6.2. Gastos en 1946

En el año 1946, según L. Nelson, la familia campesina promedio, gastaba $934.00 al año, de acuerdo con la distribución que se aprecia en el Cuadro 77. Este monto es algo elevado para ser aceptado como representativo del nivel de vida de la familia agrícola y es posible que sea reflejo de una mala distribución en la muestra utilizada.

CUADRO 77

Distribución de los Gastos de las Familias Campesinas
(1946)

Tipo de Gasto	Valor Relativo
Alimentación	49.1%
Vestido	18.4
Renta	5.4
Atención médica	7.9
Tabacos y bebida	9.0
Juego	2.8
Diversiones	2.7
Regalos	0.9
Otros	4.8

Fuente: Rural Cuba, op. cit., pág. 216.

Si analizamos las muestras en los municipios de Trinidad y Manguito, el promedio de gastos es sólo de $549.00 y $499.00, lo cual se acerca más a los niveles de ingreso de la familia agrícola cubana que el nivel de $1,700.00 que se reportó en los municipios de San Juan y Martínez y Sancti Spíritus.

CUADRO 78

Patrón de Gastos de las Familias Campesinas
(1946)

	Municipios	
Tipo de Gasto	Trinidad	Manguito
Alimentación	49.9%	48.2%
Alquiler	2.6	2.9
Vestido	18.8	14.6
Regalos	0.0	0.2
Servicios médicos	9.4	6.6
Iglesia	0.0	0.0
Tabaco y bebidas	5.6	17.5
Diversiones	4.4	3.5
Juego	1.6	2.1
Otros	7.6	4.3

Fuente: Rural Cuba, op. cit., pág. 217.

IV.6.3. *Gastos en 1934*

Para el año 1934 se conocen dos muestras: la de familias pobres y la de ingresos medios. Es de notar sin embargo la similitud del total de ingresos dedicados a la alimentación en ambos grupos, aún cuando los gastos totales eran en el segundo caso un 76% mayor.

CUADRO 79

Patrón de Gastos de un Año de las Familias Campesinas de Ingresos Mínimos
(1934)

Destino	Valor Absoluto		Valor Relativo	
Vivienda	$ 46.73		18.55%	
Alimentación en especie	51.47		20.44	
Alimentación en dinero	100.40	151.87	39.87	60.31%
Vestido	28.13		11.17	
Parientes y pobres	5.06		2.00	
Todos los otros gastos	20.00		7.94	
Total	$251.80			

Fuente: Problemas de la Nueva Cuba, op. cit., pág. 92

CUADRO 80

Patrón de Gastos de un Año de las Familias Campesinas de Ingresos Medios
(1934)

Destino	Valor Absoluto		Valor Relativo	
Vivienda	$ 68.92		15.64	
Alimentación en especie	107.76		24.46	
Alimentación en dinero	153.32	261.08	34.80	59.26%
Vestido	56.72		12.88	
Parientes y pobres	4.20		1.00	
Todos los otros gastos	49.48		11.23	
Total	$440.40			

Fuente: Ibid.

IV.6.4. *Comparación del Destino de los Gastos en los Años 1934, 1946 y 1957*

Aún cuando los distintos rubros de gastos de las familias campesinas variaron en los años considerados, lo más significativo es el aumento proporcional del gasto en alimentación en el año 1957, lo que reflejaría un aparente deterioro si se acepta la clasificación de Colin Clark, de considerar como un síntoma de subdesarrollo el dedicar una mayor proporción de los gastos al consumo de alimentos.

CUADRO 81
Destino de los Gastos de las Familias Campesinas

	1934 (pobres)	1934 (mediana)	1946	1957
Vivienda	18.55%	15.64%	2.75%	1.69%
Alimentación	60.31	59.26	49.05	69.30
Vestido	11.17	12.88	16.70	14.06
Varios	9.94	12.23	31.50	14.95
Total	$251.80	$440.00	$524.00	$658.22

Fuente: Cuadros 76, 77 y 79 y 80

IV.6.5. *Comparación de los Gastos de las Familias Urbanas y Rurales*

Comparativamente la composición de los gastos de las familias rurales y urbanas mantienen las diferencias que serían de esperar, dado sus niveles de ingresos, de ahí que las familias campesinas dediquen un 15 por ciento más para atender los gastos de alimentación, y solamente el 7 por ciento a los servicios.

CUADRO 82

Destino de los Gastos de las Familias

	Rural (1957)	Urbana (1953)
Vivienda	1.69%	11.7%
Vestidos	14.06	6.7
Alimentación	69.30	55.2
Servicios	7.51	17.5
Médicos	3.97	0.0
Varios	1.88	8.9
Juegos	1.59	0.0

Fuente: Cuadro 76 y Departamento de Investigaciones Económicas, Banco Nacional de Cuba.

IV.7. *La Economía Cubana en 1934, 1946 y 1957*

El Cuadro 83 permite comparar las distintas partidas del Ingreso Nacional para los años 1934, 1946 y 1957. De 1934 a 1946 el Ingreso Nacional creció a un promedio del 11.1 por ciento anual y, teniendo en cuenta el crecimiento demográfico, el incremento per cápita fue de 9.5 por ciento por año. En el período 1946-1957, estas tasas de crecimiento se reducen al 5.8 por ciento y 3.8 por ciento respectivamente.

La nómina de Salarios Comerciales, e Industriales, en el año 1937, pues no existen estimados aceptables para años anteriores, era de $123,7 millones y en el año 1946 de $398,7 millones, lo que representa un incremento promedio del 13.9 por ciento anual, aumentando en el período 1946-1957 a razón del 5.6 por ciento anual. Estas tasas. se traducen en un aumento de la participación en el Ingreso Nacional del sector de asalariados del comercio y la industria. Comparando las cifras de las partidas del ingreso nacional para los años 1946 y 1957, pues no se cuenta con estos datos para el año 1934, podemos apreciar que los ingresos de obreros y empleados en general, aumentaron de $753 millones a $1,445 lo que equivale a un promedio anual del 6,1 por ciento. El ingreso de las empresas no constituidas en sociedad aumentó al 4,5 por ciento anual, el de rentas y alquileres al 4,4 por ciento. El aumento del ingreso de las sociedades anónimas al 9,5 por ciento, refleja los cambios en la organización jurídica de las empresas. Los ingresos por intereses disminuyeron al 54 por ciento del nivel de 1946.

Los ingresos de la producción agrícola disminuyeron en 1957 al 86 por ciento de 1946, pero la producción azucarera se mantuvo a un nivel similar. Los ingresos del sector público pasaron del 9.8 por ciento al 12.4 por ciento del ingreso nacional equivalente a un aumento del 126.5 por ciento, lo que significa un incremento de importancia del sector público en la economía cubana.

CUADRO No. 83

Análisis del Ingreso Nacional de Cuba en los
Años 1934, 1946 y 1957

INGRESO NACIONAL	1 1934	2 1946	3 2/1%	4 1957	5 4/1%	6 4/2%
Ingreso Nacional (millones)	$ 364	$ 1,285	353	$ 2,391	657	186
Ingreso Nacional per cápita	86	257	298	389	452	151
Ingresos Obreros y empleados (millones)		753.5		1,445.1		192
Ingreso Empresas no constituidas en Sociedad (mill.)		273.7		447.6		163
Ingresos Personales por Alquileres y Rentas (mill.)		116.7		188.4		161
Ingresos de las Sociedades antes del pago de los Impuestos (millones)		104.2		285.0		273
Ingresos por intereses (millones)		46.8		25.1		54
Ing. procedentes del factor del Trabajo (%)		58.2		60.4		104
Ingresos Producción Agrícola (%)		33.0		28.4		86
Producción Azucarera (%)		28.3		28.1		99.2
Sector Público (%)		9.8		12.4		126.5
Nómina de Salarios Comerciales e Industriales	123.7 a	398.7	322	724.9	586	182
Nómina de Salarios Agrícolas (mill.)		354.80		423.50		119
Indice de precios al detalle de Alimentos		196.2		236.6		120.5

Fuente: Departamento de Investigaciones Económicas, Banco Nacional de Cuba.

En el Cuadro 84 vemos como las importaciones de los bienes de capital para la industria, incluyendo la azucarera, aumentaron en 285 por ciento entre 1946 y 1951 y los bienes de capital para uso agrícola aumentaron al 223 por ciento. En el mismo período, los bienes de capital para la industria del transporte aumentaron al 165 por ciento y los de los materiales de construcción al 249 por ciento. La formación neta del capital experimentó un aumento del 288 por ciento en todo el período.

CUADRO 84

Análisis de la Formación e Importación de Bienes de Capital en 1946 y 1957
(millones de pesos)

	1946 (1)	1957 (2)	2/1 x 100
Importación de bienes de capital para la industria, incluyendo la azucarera	45.9	131.1	285%
Importación de bienes para uso agrícola	9.0	20.1	223
Importación de bienes para industria del transporte	14.7	24.4	165
Importación de bienes materiales de construcción	12.4	30.9	249
Formación neta de capital	82.0	236.7	288

Fuente: Ibid.

IV.8 Resumen Comparativo

Como paso previo a la formulación de las conclusiones, es conveniente ofrecer un resumen comparativo de las características cuyo análisis permite apreciar las diferencias existentes entre el nivel de vida de la población de trabajadores agrícolas cubanos en 1957 y las de épocas anteriores, así como con la población urbana.

CUADRO 85

Comparación del Nivel de Vida de la Población Agrícola del Año 1957 con la del Año 1934

Característica	1934	1957	Relación de 1957/1934
Ingreso promedio *a)*	$345.00	$658.22	191.0%
Proporción de los gastos que excluyen la alimentación en el presupuesto familiar	40.3	30.7	75.2
Inverso del índice de precios al detalle de los alimentos *b)*	100.00	42.4	42.4

a) El ingreso promedio para el año 1934 ha sido tomado de la media del ingreso promedio que aparece en el Cuadro 72 y Cuadro 73.

b) Como índice de precios al detalle para el año 1934 se ha tomado el mismo del año 1937, primero para el cual aparece información al respecto y que se toma como base al calcular los precios promedios de los años subsiguientes.

Fuente: Cuadros 66, 72, 73, 81 y 83.

CUADRO No. 86

Comparación del Nivel de Vida de la Población Agrícola
en el Año 1957 con Relación a 1946

Características	1946	1957	Relación de 1957/1946
Vivienda:			
Casas sin piso de tierra	49.2 %	37.6 %	76.4 %
Casas sin techo de guano	30.7	20.2	65.8
Casas con inodoro o letrina sanitaria	38.6	36.0	93.3
Casas con suministro de agua por acueducto	3.1	5.9	190.3
Casas con alumbrado eléctrico	9.5	7.3	76.8
Casas en buen estado de conservación	29.7	22.1	74.4
Económicas:			
Sector de población rural que no manifestó necesidad de más oportunidades de trabajo	63.7	26.5	41.6
Participación de los gastos que excluyen la alimentación en el presupuesto familiar	50.9	30.7	60.3
Total de gasto	$524.00	$658.22	$125.6
Valor de adquisición del peso medido por el inverso del índice de precios al detalle de los alimentos a)	51.0 %	42.4 %	83.0 %

a. El índice de precios está tomado con 1937 como base.
Fuentes: Cuadros Nos. 21, 37, 38, 41, 47, 51, 57, 81 y 83

CUADRO 87

Comparación del Nivel de Vida de la Población Rural con Relación a la Urbana

Característica	1953 Urbana	1957 Rural	Relación de Rural/Urbana
Educacionales:			
Sector de la población que sabe leer y escribir	88.2 %	56.9 %	63.6 %
Sector de la población en edad escolar que asiste a la escuela.	84.4	65.9	78.1
Vivienda:			
Casas sin piso de tierra	90.7	37.6	41.4
Casas con inodoro o letrina sanitaria	95.0	36.0	37.9
Casas con baño y/o ducha	64.9	17.4	26.8
Casas con alumbrado eléctrico	87.0	7.3	8.4
Casas en buen estado de conservación	53.8	22.1	41.1
Casas propias	32.1	39.5	123.00
Económicas:			
Sector masculino de la fuerza laboral	77.5	98.4	127.0
Sector entre 20 y 60 años de la fuerza laboral	95.7	85.1	89.9
Participación de los gastos que excluyen la alimentación en el presupuesto familiar	44.8	30.7	68.5

Fuente: Cuadros Nos. 18, 38, 42, 44, 52, 58, 62 y 82.

CONCLUSION

En virtud de lo establecido en el Prefacio, poco es lo que podemos añadir, a manera de conclusión, a un trabajo cuyo objetivo primordial es descriptivo. Bastará pues hacer resaltar algunos puntos significativos.

Si se presta atención a las definiciones básicas expuestas en el epígrafe 6.4 de la Introducción podrá constatarse que éstas restringen el universo a investigar al sector de menos recursos dentro de la población agrícola. Véase como la muestra se constriñó a jornaleros que vivían en comunidades rurales de menos de 150 viviendas. No está pues justificado, basándose en la información de la encuesta, hacer inferencias en cuanto a toda la población rural y menos aún en cuanto al nivel de vida de toda la población cubana.

Hemos de notar también que no todas las preguntas formuladas pueden ser tomadas con el mismo grado de confianza. Conocer con precisión si una vivienda tenía o no alumbrado eléctrico es tarea fácil, de aquí que el único error posible sea el propio de la inferencia estadística. Igual podemos decir sobre la pregunta que investiga el número de personas en la vivienda, ya que no existe ningún motivo para dudar que el entrevistado conoce este dato y está dispuesto a darlo.

Pero muchas otras preguntas adolecen de problemas que se originan, bien en la dificultad del entrevistado en conocer lo que se le pregunta o en su disposición a informarlo. Así pues preguntas como ¿Cuánto gastó en comida el mes pasado?, son difíciles de responder con exactitud. Si el lector duda de la validez de esta objeción, pregúntese a sí mismo sobre los distintos rubros de su presupuesto. Otras preguntas como las referentes a enfermedades son, en ocasiones, contrarias a la inclinación del entrevistado a comunicarlas.

Por último, tópicos como los referentes al estado de conservación de la vivienda son difíciles de precisar con criterio homogéneo. Obsérvese sino, las discrepancias existentes al determinar la depreciación en que ha incurrido un bien de capital. Estas y otras dificultades sugieren ser cautelosos al aceptar la validez de esta investigación. No negamos el mérito intrínsico del esfuerzo realizado y su originalidad, pero sí en muestreos hechos bajo condiciones controladas ha de tenerse cuidado con inferencias injustificadas, cuanto más en el presente caso.

Aun habida cuenta de las limitaciones expuestas, podemos no obstante, tomar la información ofrecida como punto inicial para estudios comparativos posteriores. Nuestra impresión es que un esfuerzo de esta índole tendería a disipar el juicio de que el trabajador agrícola cubano se encontraba, absoluta o relativamente, en tal situación de pauperismo que promovió el violento cambio político ocurrido. Pero ésta es una intuición y un reto, no un hecho establecido.

Mientras no se realice la comparación propuesta, o llegue la oportunidad de hacer un nuevo estudio en el propio terreno, esperamos que las presentes páginas sirvan para rescatar la investigación de 1957 del uso y abuso a que ha sido sometida.

REFERENCIAS

Alienes Urosa, Julián. *Características Fundamentales de la Economía Cubana.* La Habana: Editorial Cenit., 1950.

Banco Nacional de Cuba. *Memoria 1951-1952.* La Habana: Editorial Lex, 1952.

Banco Nacional de Cuba. *Memoria 1956-1957.* La Habana: Editorial Lex, 1957.

Foreign Policy Association. *Problems of the New Cuba.* New York 1935.

Foyaca de la Concha, Manuel. *Democracia Social Cristiana.* La Habana: Editorial Lex, 1948.

Instituto Nacional de la Reforma Económica. *Carta Pública Quincenal.* Carta No. 59. Febrero 28, 1958.

Gaston, Melchor W., Echevarría, Oscar A. y de la Huerta, René F. *Por qué Reforma Agraria?* Tercera Edición, 1959, Buró de Información y Propaganda. La Habana, Cuba.

International Bank for Reconstruction and Development. *Report on Cuba.* Wakefield, Massachussetts: The Murray Printing Co., 1952.

Ministerio de Agricultura de la República de Cuba. *Memoria del Censo Agrícola Nacional.* La Habana: P .Fernández y Cía., 1951.

Nelson, Lowry. *Rural Cuba.* Minneapolis: The University of Minnesota Press, 1951.

Tribunal Superior Electoral. *Censo de Población, Vivienda y Electoral.* La Habana: P. Fernández y Cía., 1953.

United Nations. *Statistics of National Income and Expenditures.* New York: Statistical Office of the United Nations, 1957.

U.S. Department of Commerce. *Investment in Cuba.* Washington: Government Printing Office, 1956.

Segunda Parte

INTRODUCCION

Generalmente se acepta que la reforma agraria es la piedra angular de la política económica y social del presente régimen cubano. La unanimidad, sin embargo, se quebranta, aún entre los defensores, al enjuiciar la misma. En un extremo están los que afirman que se ha implantado un sistema de insuperable justicia social e innegable éxito económico. Otros, de temperamento menos sanguíneo, reconocen que los resultados en la producción no han sido halagüeños, más atribuyen esto a factores exógenos y los consideran un precio adecuado de las reformas realizadas. Por último, hay quienes aún respaldan al actual gobierno cubano, reservan su juicio sobre los efectos de la reforma agraria.

Procuraremos evaluar los resultados de la política agraria cubana en sus aspectos sociales y económicos, en base a los objetivos declarados por el gobierno. La importancia de este análisis desborda la problemática cubana, siendo de interés general, en virtud del énfasis concedido, indiscriminadamente, a los proyectos de reforma agraria, como factor *sine qua non* para el desarrollo económico, especialmente en América Latina. El análisis se basa preferentemente en informaciones del actual gobierno cubano. En caso de contradicción, frecuente en las fuentes oficiales, se ha optado por aquella información más favorable al Gobierno Cubano.

En el primer capítulo se hace un análisis de la Ley de Reforma Agraria tal como fue promulgada el 17 de mayo de 1959. Como quiera que su ejecución se ha alejado notablemente del espíritu y la letra de la ley, tal estudio podría parecer superfluo. No es así, dado que pretendemos demostrar que aún la ley promulgada era inconsistente con los fines aducidos e indicar cómo ponía en evidencia el matiz ideológico del Gobierno de Fidel Castro. En el segundo capítulo se analizan los fines sociales que supuestamente pretendía el legislador, demostrándose que ninguno de estos fines ha sido intentado. El tercer capítulo, al evaluar los resultados de la reforma agraria en relación a la producción, señala el evidente deterioro de la misma. Tal demostración será innecesaria para quien estuviese familiarizado con la industria azucarera de Cuba en la época previa a Fidel Castro, donde la dificultad consistía en reprimir la producción por debajo de los 7 millones de toneladas, mientras que hoy día, por el contrario, se requiere una movilización general para obtener una zafra no mayor de 5 millones de toneladas.

Es posible que este trabajo peque por exceso de citas, mas como uno de sus fines es demostrar la inconsistencia de los apologistas del Gobierno Cubano en su argumentación, se ha creído preferible la inclusión de sus textos, a fin de que la demostración sea evidente y sus argumentos puedan llegar al lector sin el matiz de nuestra interpretación. El estudio que se presenta a continuación no agota todas las posibilidades de análisis, ni recoge el total de la información estadística disponible, pues cuando se escribe bajo la presión de otros compromisos académicos, se hace difícil entregar un análisis exhaustivo.

Aunque en el estudio se ha recurrido a informaciones esencialmente cuantitativas, se han introducido referencias descriptivas a fin de que las conclusiones puedan ser aceptadas aún por aquéllos que, como nosotros, ven los estudios econométricos con cierto escepticismo. A cada estimación podrá el lector añadir un término de error (e), o tal vez con más propiedad un "más o menos". Aún así las conclusiones no perderán su validez esencial para quien se acerque a este estudio dispuesto al diálogo. Para aquellos que, por el contrario, no están dispuestos, en virtud de su ideología, a reconocer el fracaso económico y social del gobierno comunista cubano, nada podemos añadir.

Una experiencia como la cubana se hace difícil de comprender cuando, desapasionadamente, se analizan los hechos que llevaron a la toma del poder por los comunistas —y no es éste el momento de pretender explicar tal fenómeno. No obstante, es necesario señalar que el proceso no se llevó a cabo sin oposición, en la que participaron aquellos cuya preocupación por los problemas sociales de Cuba no puede ser puesta en tela de juicio. En el caso de la reforma agraria, el jesuita Manuel Focaya de la Concha dio a conocer su análisis de la ley tan pronto fué publicada. Desafortunadamente, sus advertencias encontraron un eco limitado, tal vez porque según él dijera, era ya "demasiado tarde para la reversibilidad del proceso de comunización". Esperamos que esta afirmación no sea válida para el resto de América Latina. A este efecto van encaminadas estas páginas.

O. E. S.

Washington D. C., Junio de 1968

CAPITULO I

ANALISIS DE LA LEY

I. 1 *Precedencia Histórica*

I.1.1. *Previa a 1940*

En el proyecto de Ley presentado por Manuel Sanguily en 1903, al Congreso de la recién instaurada República de Cuba, se encuentra el primer antecedente de Reforma Agraria. Posteriormente la Ley de Coordinación Azucarera de 1937 concedió a los cultivadores no propietarios, prerrogativas de la naturaleza del derecho de propiedad: (1) derecho de permanencia, por el cual el arrendatario no podía ser desalojado, derecho que podía ser trasmitido por venta o herencia; (2) derecho de retracto, por el cual tenía preferencia para adquirir la propiedad caso de que el dueño decidiera vender; (3) control de la renta de acuerdo con el valor de la producción o en base al 6 por ciento anual del valor declarado de la propiedad.

I.1.2. *La Constitución de 1940*

La Constitución de 1940 garantizaba el derecho de propiedad privada.

> *Artículo 87.* El Estado cubano reconoce la existencia y legitimidad de la propiedad privada en su más amplio concepto de función social y sin más limitaciones que aquellas que por motivos de necesidad pública o interés social establezca la Ley. *1*

Sin embargo, en el Artículo 88 se establece la necesidad de reconocer y promover la función social de la tierra:

> *Artículo 88.* El subsuelo pertenece al Estado, que podrá hacer concesiones para su explotación, conforme a lo que establezca la Ley. La propiedad minera concedida y no

explotada dentro del término que fije la Ley será declarada nula y reintegrada al Estado.

La tierra, los bosques y las concesiones para explotación del subsuelo, utilización de aguas, medios de transporte y toda otra empresa de servicio público habrán de ser explotadas de manera que propendan al bienestar social. *2*

Más específicametne el Artículo 90 proscribe el latifundio:

Artículo 90. Se proscribe el latifundio y a los efectos de su desaparición, la Ley señalará el máximo de extensión de la propiedad que cada persona o entidad pueda poseer para cada tipo de explotación a que la tierra se dedique y tomando en cuenta las respectivas peculiaridades.

La Ley limitará restrictivamente la adquisición y posesión de la tierra por personas y compañías extranjeras y adoptará medidas que tiendan a revertir la tierra al cubano. *3*

Estos tres artículos serán la base constitucional de las medidas de carácter agrario que precedieron a la Ley de Reforma Agraria de 17 de mayo de 1959. Esta última Ley en uno de sus "por cuantos" establecía como su fundamento constitucional el citado Artículo 90, a pesar de que en la disposición final de la misma se le dio fuerza y jerarquía constitucionales por el Consejo de Ministros Revolucionario que la promulgara.

I.1.3 *La Ley Dorta Duque*

Basado en el Artículo 90 de la Constitución de 1940, el Dr. Manuel Dorta Duque presentó, en 1948, un proyecto de Ley Agraria. Al no ser reelegido en la próxima legislatura, el doctor Dorta Duque, queda la Ley sin ponente y por tanto no fue promulgada.

Ocupa el primer lugar en este proyecto de código, la creación de un organismo técnico, el Instituto Nacional Agrario, el INA, que habría de ser el instrumento de la Reforma. Este Instituto es una institución de derecho público, no estatal y por lo tanto da cabida a la representación de las clases o intereses agrícolas nacionales: hacendados, colonos, ganaderos, tabacaleros, etc. La primera misión de este instituto era de estudio, para proyectar las posibles realizaciones en orden a expropiación, distribución y cultivos.

Este código limitaba el latifundio a 100 caballerías. La expropiación empezaría por las tierras no cultivadas. Se facilitaba la compra al campesino de la tierra expropiada, en parcelas que iban de una a diez caballerías, dándole la completa propiedad de la tierra. Al expropiado se le pagaba en efectivo, o en bonos. Las sociedades anónimas agrarias se convertían en sociedades con acciones nominativas. Los extranjeros podían ser accionistas, pero su propiedad se limitaba al máximo de cinco caballerías. La aparcería y los censos de contrato se regulaban de modo que fuesen justos. Había un cooperativismo no dirigido, pero sí protegido por el Estado.

I.2 Antecedentes Revolucionarios

I.2.1 Discurso de Castro

Poco antes de terminar el período presidencial 1948-1952, ocurre el golpe de Estado del 10 de marzo de 1952. A partir de este momento tenemos sólo dos antecedentes en relación con la Reforma Agraria que habría de promulgar posteriormente el Gobierno de Fidel Castro. Al conducir su defensa en el juicio por el asalto al Cuartel Moncada *, Fidel Castro proporciona la primera referencia a la Ley de Reforma Agraria.

> La segunda Ley revolucionaria concedía la propiedad inembargable e intransferible de la tierra a todos los colonos; sub-colonos, arrendatarios, aparceros y precaristas que ocupasen parcelas de cinco o menos caballerías de tierra, indemnizando el Estado a sus anteriores propietarios a base de la renta que devengarían por dichas parcelas en un promedio de diez años. 4)

---

* El 26 de julio de 1953 Fidel Castro realizó, con unos 90 hombres, un fallido y sangriendo asalto al Cuartel Moncada, sede del Distrito Militar de Santiago de Cuba. Habiendo huído a las montañas vecinas, se entregó bajo la égida protectora del Arzobispo de Santiago de Cuba, Monseñor Enrique Pérez Serantes. En el juicio que se le siguiera, Fidel Castro condujo su defensa, conservada bajo el título de "La Historia me Absolverá". Con motivo del juicio Castro fue condenado a 9 años de prisión y tres años más tarde fue amnistiado junto con los demás presos políticos.

Un gobierno revolucionario después de asentar sobre sus parcelas con carácter de dueños a los cien mil agricultores pequeños que hoy pagan rentas, procedería a concluir definitivamente el problema de la tierra, primero: estableciendo como ordena la Constitución un máximo de extensión para cada tipo de empresa agrícola y adquiriendo el exceso por vía de expropiación, reinvindicando las tierras usurpadas al Estado, desecando marismas y terrenos pantanosos, plantando enormes viveros y reservando zonas para la repoblación forestal; segundo: repartiendo el resto disponible entre las familias campesinas con preferencia a las más numerosas; fomentando cooperativas de agricultores para la utilización común de equipos de mucho costo, frigoríficos y una misma dirección profesional técnica en el cultivo y la crianza y facilitando, por último, recursos, equipos, protección y conocimientos útiles al campesinado. 5)

I.2.2. *Ley No. 3 de la Sierra Maestra*

Posteriormente tenemos la llamada Ley Agraria de la Sierra, también conocida por la Ley Sorí Marín en virtud de que fuese el Dr. Humberto Sorí Marín * quien la redactase. Esta Ley No. 3 de la Sierra Maestra, fue promulgada el 10 de octubre de 1958 cuando aún no había sido alcanzado el poder por el Gobierno Revolucionario.

El preámbulo lo copia en gran parte la Ley posterior. Esta Ley de Sorí Marín no es realmente una ley de Reforma Agraria, ya que se concreta exclusivamente a una expropiación y distribución de tierra, cuando una Ley de Reforma Agraria debe abarcar otros aspectos de la agricultura. Las características de

---

* Abogado habanero y miembro del Partido del Pueblo Cubano (Ortodoxo), subió a la Sierra Maestra poco después del desembarco del "Gramma", y con el grado de Comandante estaba a cargo de los problemas agrarios del Ejército Rebelde. En Enero de 1959 es nombrado Ministro de Agricultura. Posteriormente se le hace renunciar, uniéndose después a la resistencia al régimen de Castro, hasta ser aprendido en la Habana a finales de marzo de 1961. En 19 de abril es fusilado en la Cabaña, aparentemente como represalia política por la invasión que se estaba llevando a efecto por la Bahía de Cochinos.

esta ley eran: a los cultivadores, no propietarios, se les concedía la propiedad hasta 5 caballerías, 2 gratuitamente y las otras 3 por adquisición. Se exceptuaban las fincas de recreo, las residenciales y aquellas que fueran propiedad única.

Se valoraba la tierra según su amillaramiento al 10 de octubre del año 1958, tasándose de un modo independiente los edificios y las instalaciones. Las discrepancias que pudieran surgir en el precio se solventaban en los tribunales civiles. Esta expropiación era pagada en efectivo, para lo cual el Estado destinaba veinte millones de pesos en cada presupuesto anual * La expropiación no era inmediata para todos, sino a medida que el Estado tuviera dinero para indemnizar. Los expropiados serían exonerados del impuesto personal de la renta durante diez años si invertían la compensación en nuevas empresas industriales, agrícolas o mineras. Los beneficiarios de la tierra expropiada eran sus ocupantes, como en la Ley definitiva de 1959. Sobre la propiedad de la tierra distribuida, la Ley Sorí Marín ponía ciertas limitaciones: (1) no podían pasar a sociedades civiles o mercantiles a no ser la sociedad matrimonial o las sociedades cooperativas; (2) podrían transmitirse en herencia pero de modo indiviso, a uno solo de los hijos; (3) sólo podría venderse al Estado o permutarse con permiso del Estado. En caso que el Estado advirtiera negligencias en el cumplimiento de los fines de la reforma, podría expropiarlas de nuevo. Esa era, en sustancia, la llamada Ley Agraria de Sorí Marín.

I.3 *La Ley de Reforma Agraria*

Con esto llegamos a la promulgación de la Ley de Reforma Agraria del Gobierno Revolucionario de Cuba, el 17 de mayo de 1959. El análisis que se ofrece a continuación está basado en el texto definitivo de la Ley que apareció en la Gaceta Oficial de 3 de junio de 1959 y fue reproducido posteriormente en un Tomo de Leyes de la Revolución. Por el momento se procura hacer el análisis abstrayendo de la información que la perspectiva histórica concede. Al hacer la disección de esta Ley se desarrollará el análisis tal cual si se estuviese escribiendo el 18 de

---

* Aproximadamente un 6 por ciento del presupuesto.

mayo de 1959. Esto no es tarea fácil, pero es condición necesaria a fin de evaluar hasta que punto los resultados de esta Ley han sido producto de su estructura o de la incapacidad de sus ejecutores. Desde un punto de vista político, no esencial al fin de este trabajo, esta Ley permitía inferir la tendencia ideológica del gobierno de Fidel Castro.

I.3.1 *El Grupo Legislador*

Cuando se promulgó la Ley no era un secreto en los círculos políticos y revolucionarios cubanos que ésta había sido redactada por un grupo de tendencia o filiación marxista. Entre ellos estaba Ernesto "Che" Guevara, la comunista peruana Hilda Gadea, primera mujer del "Ché", el Ministro de Defensa Augusto Martínez Sánchez, el Capitán Antonio Núñez Jiménez, Segundo Ceballos y Oscar Pino Santos. Conspicuamente ausente del grupo ponente está el Ministro de Agricultura, Humberto Sorí Marín quien no sólo por la precedencia histórica de la Ley Agraria de la Sierra Maestra sino por razón de su cargo tenía el derecho indiscutible de ser el Presidente de la Comisión Redactora. Igualmente ausente estuvo el Dr. Justo Carrillo, en aquel momento Presidente del Banco de Fomento Agrícola e Industrial. En cuanto a su ejecución, la Ley fue entregada también a los comunistas al nombrarse al Capitán Núñez Jiménez Director Técnico del Instituto de Reforma Agraria, del cual Fidel Castro fue designado Presidente.

Poca importancia tendría, esta información histórica si no fuese corroborada por el análisis de la Ley tal como fue promulgada. Pues aunque se tenía en aquellos momentos certeza moral sobre la filiación política de los redactores de la Ley, en última instancia tal tipo de información se podía poner en duda, dado que ninguno de los mencionados legisladores habían declarado publicamente su adhesión al Partido Comunista. Pasemos pues al texto de la Ley.

I.3.2 *Itinerario de Promulgación*

La Ley de Reforma Agraria fue desde sus comienzos una Ley llena de oscilaciones. Se dio a conocer por primera vez en las páginas del periódico Revolución pocos días antes de ser promulgada, en La Plata, Provincia de Oriente, donde había estado el Cuartel General del Ejército Rebelde. Se publica en la prensa habanera el mismo día de su promulgación; es reproducida nuevamente por el periódico Revolución y finalmente aparece en la Gaceta Oficial del 3 de junio. La dificultad radica en que las cuatro versiones son diferentes y desde luego, vista hoy con perspectiva histórica, podemos afirmar que lo son también de la Ley no promulgada que en definitiva se aplicó.

I.4 Análisis de la Ley

Toda Ley es un medio para alcanzar el fin que el legislador considera adecuado a los intereses de sus constituyentes y circunscrito al poder que le ha sido delegado. Los fines se expresan en los "por cuantos" y los medios están contenidos en el articulado de la Ley. La primera prueba pues, para determinar la eficacia de una Ley, es apreciar su coherencia interna. ¿Concuerdan las prescripciones de la Ley con los fines que se proponen en sus "por cuantos"? Veamos hasta que punto la Ley de Reforma Agraria Cubana resiste este exámen.

I.4.1. ¿Para qué una Reforma Agraria?

Los fundamentos que el legislador aduce se pueden resumir en cinco grandes capítulos: (1) terminar con la concentración de la tierra en latifundios a fin de (2) dar acceso a mayor número de la población rural a la propiedad agrícola; (3) suprimir el absentismo de modo que la tierra sea del que la trabaje; (4) promover la diversificación agrícola a fin de terminar la dependencia de la economía del monocultivo azucarero; (5) promover un aumento general de la producción agrícola que permita no sólo mejorar el nivel de vida del campesinado, sino también la industrialización de la economía, al crear en el sector rural capacidad de demanda efectiva. Estos son los argumentos básicos que se recogen en los "por cuantos" de la Ley:

> POR CUANTO: El progreso de Cuba entraña, tanto el crecimiento y diversificación de la industria... como la eliminación de la dependencia del monocultivo... impulsar la iniciativa privada mediante los necesarios incentivos...

POR CUANTO: En todos los estudios realizados con el fin de promover el desarrollo económico ... se ha hecho resaltar... la importancia de llevar a la práctica una Reforma Agraria dirigida, en lo económico, a dos metas principales: a) facilitar el surgimiento y extensión de nuevos cultivos... b) elevar a la vez la capacidad de consumo de la población mediante el aumento progresivo del nivel de vida de los habitantes de las zonas rurales...

POR CUANTO: En la agricultura cubana es de uso frecuente el contrato de aparcería y el sistema de censos, que desalientan al cultivador... impidiendo así el mejor aprovechamiento de las tierras...

POR CUANTO: El Censo Agrícola Nacional de 1946 evidenció que la inmensa mayoría de las fincas... están en manos absentistas, lo que representa en muchos casos una situación de injusticia social y en la totalidad de los mismos un factor de desaliento a la eficacia productiva.

POR CUANTO: En el propio Censo Agrícola se evidencia también la extrema e inconveniente concentración de la propiedad de la tierra en unas pocas manos...

POR CUANTO: En las fincas mayores es evidente un lesivo desaprovechamiento del recurso natural tierra, manteniéndose las áreas cultivadas en una producción de bajos rendimientos, utilizándose áreas excesivas con una explotación extensiva...

POR CUANTO: Es criterio unánime que el fenómeno latifundiario que revelan los datos anteriores no sólo contradice el concepto moderno de la justicia social, sino que constituye uno de los factores que conforman la estructura subdesarrollada y dependiente de la economía cubana, comprobable por distintas características, entre ellas: la dependencia del Ingreso Nacional, para su formación de la producción para la exportación, considerada como la "variable estratégica" de la economía cubana, que resulta así altamente vulnerable...

POR CUANTO: La Constitución de 1940 y la Ley Fundamental del Gobierno Revolucionario proscriben el latifundio y establecen que la Ley adoptará medidas para su extinción definitiva.

POR CUANTO: Las disposiciones constitucionales vigentes establecen que los bienes privados pueden ser expropiados por el Estado, siempre que medie una causa justificada de utilidad pública e interés social.

POR CUANTO: La producción latifundiaria extensiva y antieconómica, debe ser sustituída, preferentemente, por la produccción cooperativa, técnica e intensiva, que lleve consigo las ventajas de la producción en gran escala.

POR CUANTO: Resulta imprescindible la creación de un organismo técnico capaz de aplicar y llevar hasta sus últimas consecuencias los fines de desarrollo económico...

POR CUANTO: Resulta conveniente establecer medidas para impedir la enajenación futura de las tierras cubanas a extranjeros...

POR CUANTO: En uso de las facultades que le confiere la Ley Fundamental de la República, el Consejo de Ministro resuelve dictar la siguiente. 6.

Observamos que en ningún momento se habla en los "por cuantos" de la propiedad territorial directamente o de la creación de una capa de pequeños propietarios tal como había sido tradicional, no sólo en el Proyecto del Dr. Dorta Duque, sino también, el discurso de Fidel Castro en el juicio por los hechos del Cuartel Moncada, en el Preámbulo de la Ley No. 3 de la Sierra Maestra, en la declaración explícita de Fidel Castro el 24 de enero de 1959, en San Juan y Martínez, Pinar del Río: "La Revolución repartirá la tierra entre los campesinos" e incluso en la Segunda Disposición Final de la propia Ley. En lugar de establecer la preferencia por los pequeños propietarios, la Ley en uno de los "por cuantos" establece su decisión de promover la creación de cooperativas:

POR CUANTO: La producción latifundiaria extensiva y antieconómica debe ser sustituída, *preferentemente*, por la producción cooperativa, técnica e intensiva, que lleve consigo las ventajas de la produccción en gran escala. 7.

La naturaleza de estas cooperativas se estudiará más adelante a fin de destacar su discrepancia con lo que usualmente se interpreta como genuina cooperativa. En el segundo "por cuanto" hay una mención al impulso de la iniciativa privada, aún cuando por el sesgo del párrafo parece más bien referirse a la industria que a la agricultura. No podemos precisar hasta que punto esta frase fue un *lapsus mentis* del legislador o más bien tuvo el propósito de ocultar por el momento sus intenciones. Estos son a grandes rasgos el por que de la Reforma Agraria según sus autores, quienes lo resumen en el siguiente párrafo:

Segunda: Se declara de interés social y de utilidad pública y nacional las disposiciones de la presente Ley, en razón de asegurar la misma el fomento de grandes extensiones de fincas rústicas, el desarrollo económico de la Nación, la explotación intensiva agrícola e industrial y la adecuada redistribución de tierras entre gran número de pequeños propietarios.

Los fundamentos de la Ley caen en líneas generales dentro de los principios económicos y la doctrina social cristiana. El único "por cuanto" que no es aceptable es el de abolir la aparcería y los censos así como las propiedades extranjeras.

Pasemos pues a ver la forma en que se pretendía implementar estos fines, con el propósito de analizar la eficacia y el matiz ideológico de la Ley.

I.4.2 *Tierras Afectadas*

En los primeros artículos se determinan las tierras afectadas: Tierras particulares, no cultivadas directamente por sus dueños están sujetas a expropiación y repartición en la cuantía necesaria para dar hasta 30 caballerías a sus cultivadores, por venta forzosa, según el Artículo 67, que aparece por primera vez en la Ley publicada en la Gaceta. Y por el No. 3 se establece la distribución de tierras del Estado.

Se expropiará el excedente de 30 caballerías, salvo estas excepciones: (1) se conceden hasta cien caballerías a las explotaciones cañera y arroceras que tengan un rendimiento 50 por ciento mayor del promedio nacional revisado anualmente; (2) explotaciones ganaderas con rendimiento fijado por el INRA; (3) otras explotaciones agropecuarias a juicio del INRA; (4) se exceptúan del cómputo para expropiación, las áreas necesarias para establecimientos industriales, oficinas y viviendas.

Sin embargo, en la Ley de Sorí Marín no se expropiaban aquellas tierras que fueran la única propiedad de su dueño, ese artículo se abolió en la Ley actual. En virtud de esta suspensión un absentista que no tiene más que una propiedad es expropiado. Desde el punto de vista social no se ve la necesidad o justificación de esa expropiación. Es una propiedad legítimamente adquirida, un modo de vivir, al cual tiene derecho. No se ve por que motivo ha de ser necesario para el bien común tal expropiación.

I.4.3 *Forma de Indemnización*

El Artículo 29 establece que el valor de las tierras expropiadas dependerá de lo declarado en el amillaramiento en vigor el 10 de octubre del año 1958, y la tasación independiente de edificios e instalaciones. Hay en la Ley una variante con respecto a la de Sorí Marín, quien situaba las discrepancias bajo la jurisdicción de los tribunales civiles. Aquí la decisión última corresponde al INRA, según el Artículo 30 y si hay *plus-valía* en la tierra de origen estatal el mismo artículo declara que el 45 por ciento será para el INRA.

El pago será en bonos, mientras que en la Ley de Sorí Marín era en efectivo. Los bonos darán un interés máximo del 4½ por ciento anual, redimibles en veinte años, tendrán cargo al presupuesto nacional y están exentos sus ingresos de impuestos por rentas personales en diez años, si se invierten en nuevas industrias. Lo justo es expropiación previa indemnización y la eficacia de esta indemnización dependerá del valor que en el mercado puedan tener los bonos de la Reforma Agraria.

I.4.4 Orden de Expropiación y Distribución

Según el Artículo 5o. se repartirán primero las tierras del Estado y las particulares con arrendatarios, aparceros y precaristas. En segundo término las áreas excedentes de 30 caballerías no protegidas por el Artículo 2. Por último las otras tierras afectables. Según la disposición transitoria séptima, pasados dos años el INRA podrá expropiar las tierras particulares no cultivadas. La razón de este orden no es evidente. Parece que lo lógico habría de ser primeramente expropiar y repartir las tierras baldías y después los latifundios. Sin embargo no es así.

Se empieza por expropiar y repartir las tierras de los absentistas cualquiera que sea su extensión. Y tan es así el espíritu y el interés de la Ley publicada que se establece: No se pasará a la repartición de latifundios, sin agotar antes las tierras no cultivadas por dueños, salvo dictámen contrario del INRA. Es notable desde el punto de vista económico porque no se ha empezado la expropiación por las tierras particulares no cultivadas, que son aquellas a las cuales se puede decir que los dueños tienen un derecho más débil porque ni le sacan provecho, ni dejan que otro lo saque. Son las tierras baldías de las cuales la comunidad nacional no se beneficia.

I.4.5. Distribución de Tierras

Según el Artículo 17 la tierra expropiada se puede dar en propiedad pro-indivisa a las cooperativas, o puede distribuirse. De hecho, hay una cuestión de nombre, porque si las cooperativas van a ser organizaciones reglamentadas y dirigidas por el Estado, la tierra queda nacionalizada, propiedad de una institución estatal. De la tierra distribuida, el mínimo vital familiar, de dos caballerías para familias de cinco personas, será inembargable e inalineable y distribuída gratuítamente, pero estará sujeta a impuestos según la nueva Ley. Cada campesino tiene opción a comprar por venta forzosa otras tres, según la ley promulgada en La Plata, pero en la publicada el 3 de junio, esto está ampliado hasta treinta caballerías en el Artículo 67, que se ha adicionado a la Ley.

I.4.6 *Beneficiarios de la Ley*

Según el Artículo 22 lo son: campesinos desalojados, campesinos de la región sin tierras en mínimo vital, obreros agrícolas de las tierras expropiadas, campesinos de otras regiones, obreros de otras regiones y otros que lo soliciten, con preferencia si tienen experiencia. Dentro de estas categorías habrá el siguiente orden: (1) miembros del Ejército Rebelde y familiares; (2) auxiliares del Ejército Rebelde; (3) víctimas de la guerra y la tiranía y (4) familiares de muertos de la revolución.

I.4.7 *Nuevos Propietarios*

Hay limitaciones al derecho de propiedad que se concede. (1) No podrán traspasar las tierras a sociedades civiles o mercantiles, de modo que se impedirá que esas tierras se consoliden en estas sociedades. Se exceptúan la sociedad matrimonial y las cooperativas del INRA. (2) Sólo se pueden vender al Estado o permutarlas con permiso del INRA. (3) Solamente se pueden hipotecar o pignorar al Estado o al INRA. (4) No se pueden arrendar ni ceder en aparcería o en usufructo. (5) No se pueden dividir entre los herederos. (6) Los beneficiarios negligentes en el cultivo pueden ser expropiados. Es evidente que esto no es un título de propiedad sino de usufructo con ciertos matices de derecho de propiedad.

I.4.8 *La Aparcería*

Por el Artículo 11, se prohibe la aparcería y todo género de contrato en el cual el arrendatario pague la renta de la tierra con una parte proporcional de su rendimiento. Desde el punto de vista social y económico no vemos la necesidad de este Artículo. La aparcería es un contrato de naturaleza superior al arrendamiento de renta fija, porque es un contrato de sociedad en el cual el propietario aporta la tierra y el trabajador-campesino aporta su trabajo y se reparten después la producción según la manera acordada.

La aparcería, ha demostrado en Cuba ser excelente y sin embargo, se condena en esta Ley. Por cuanto se suprime la aparcería y se persigue el arrendamiento al expropiar las tierras arrendadas antes que los latifundios. No se permite a los absentistas la rectificación para que ellos puedan trabajar sus tierras, parece como si se les quiere castigar el delito de haber sido absentistas, y además en el nuevo Artículo 67, se impone la venta forzosa a precio tazado por el INRA, a petición del cultivador de hasta treinta caballerías. Sin decirlo se está proscribiendo la renta de la tierra.

I.4.9 *Sociedades Anónimas Agrarias*

El Artículo 14 establece que sólo sociedades anónimas con acciones nominativas, podrán poseer y explotar fincas agropecuarias. Esto es un principio general para regular las sociedades anónimas agrarias, y aplicado a las explotaciones cañeras. Dice el Artículo 12: Que hay que hacer una nueva reglamentación de las sociedades anónimas cañeras para que sus acciones sean (1) nominativas, (2) de cubanos, (3) no propietarios, accionistas o funcionarios de ingenios azucareros. A las sociedades anónimas cañeras se les da un año para reorganizarse bajo pena de expropiación y pérdida de cuota de molienda. La Ley es anti-hacendados por cuanto estos ni pueden tener acciones en colonias cañeras, ni pueden explotar personalmente la tierra, tratándose de caña.

I.4.10 *Las Cooperativas*

El Capítulo V de la Ley regula las cooperativas agrícolas. El INRA fomentará cooperativas agrarias siempre que sea posible. La primera finalidad será formar cooperativas agrarias en tierras nacionalizadas y cuya propiedad se cederá a la cooperativa, pero con administradores del INRA y con reglamento interno dado por el INRA, el cual también el INRA reglamentará otras formas de cooperativas agrícolas. Aquí contemplamos una forma de cooperativa estatal, lo cual no es correcto. La cooperativa es una institución democrática de derecho e iniciativa privada

Se acepta una Ley cooperativa estatal para determinar normas generales, pero el Estado no debe intervenir en las cooperativas, en la medida en que intervenga el cooperativismo pierde su legitimidad. No obstante es obvio que el Estado ayude al cooperativismo fomentando la educación, promoviendo a la creación de cooperativas.

Es necesario recordar las tácticas de socialización progresiva en la China Comunista. ¿Cómo ha sido la comunización del agro en China? En Rusia se expropia la tierra y se nacionaliza. En China no. Primero: se expropia a los terratenientes y se reparte la propiedad de la tierra entre los campesinos. Segundo: a estos campesinos se les enseña el trabajo en común o en brigada para sembrar y para recoger, todos los campesinos de una comarca, progresivamente las tierras de cada uno. Van aprendiendo la socialización. Tercero: ya en función las cooperativas agrarias en las que el campesino mantiene la propiedad de la tierra pero trabaja en común la tierra, se hacen cooperativas de producción y de ventas, con la cual están trabajando de un modo más socializado. Y cuarto: se establecen cooperativas en las cuales la propiedad de la tierra no es individual sino de la cooperativa.

En Cuba se empieza por un tipo de cooperativas equivalentes al de las brigadas de trabajo asistencial de China, y esta está en el Artículo 44. Dice:

> El Instituto Nacional de Reforma Agraria sólo prestará su apoyo a las cooperativas agrarias formadas por campesinos o trabajadores agrícolas con el propósito de explotar el suelo y recoger los frutos mediante el concurso personal de sus miembros, según el régimen interno reglamentado por el propio Instituto. Para los casos de estas cooperativas, el Instituto Nacional de Reforma Agraria cuidará de que las mismas estén situadas en terrenos aptos para los fines perseguidos y en disposición de aceptar y acatar la ayuda y orientación técnica del referido Instituto. 8

Es un cooperativismo estatal por cuanto el INRA lo reglamenta y administra según se establece en el Artículo 43.

Artículo 43. Siempre que sea posible, el Instituto Nacional de Reforma Agraria fomentará cooperativas agrarias. Las cooperativas agrarias que organice el Instituto Nacional de Reforma Agraria en las tierras de que disponga en virtud de lo preceptuado en esta Ley, estarán bajo su dirección, reservándose el derecho a designar los administradores de las mismas al objeto de asegurar su mejor desenvolvimiento en la etapa inicial de este tipo de organización económica y social y hasta tanto se le conceda por la Ley una autonomía mayor. 9.

I.4.11 *Nacionalización del Agro*

Se dice en el Artículo 15 que sólo los cubanos y las sociedades de cubanos podrán poseer y explotar la tierra. Que las herencias a no cubanos serán expropiables. Unicamente se exceptúan fincas de hasta 30 caballerías de empresas extranjeras para fomento industrial agrícola que a juicio del INRA justifiquen la excepción. Desde el punto de vista social o económico no se justifica la necesidad de esta nacionalización tan absoluta.

I.4.12 *Facultades del INRA*

El INRA realiza estudios, dicta reglamentos, propone medidas tributarias y arancelarias, coordina las campañas pro-viviendas, salubridad, educación rural. Determina las zonas de desarrollo agrario, realiza y supervisa la colonización. Reglamenta y administra las cooperativas agrícolas que se organicen, crea y dirige la escuela de capacitación cooperativa. Resuelve en la ejecución de la Ley, confecciona y administra los presupuestos. Organiza servicios estadísticos, realiza censos agrarios quinquenales. Se organiza internamente en sus relaciones con otros departamentos estatales, dirige sus relaciones internacionales. Creará su departamento de crédito agrícola, establecerá unidades de desarrollo agro-pecuario con centros de maquinaria alquilable, de investigación agronómica y de asesoramiento técnico. Incorporará los actuales organismos autónomos del Estado y tendrá comités locales y municipales delegados del INRA que aplicarán la Ley en su territorio.

El INRA hará un reglamento de esta Ley antes de sesenta días. Es un organismo estatal con fuerza extraordinaria. No hay aspecto relacionado con la vida campesina que no esté sujeto al INRA un supra-organismo estatal.

I.4.13 *Retroactividad de la Ley*

La ley es retroactiva no sólo en la determinación del valor de la propiedad, que se hará con referencia al 10 de octubre de 1958, sino además explícitamente según lo expresa en el Artículo 65 en relación con cualquier disposición de venta, arriendo o cesión, asi como de segregaciones, que hubiesen tomado los propietarios agrícolas con posterioridad al 1o. de enero de 1959.

Carecen de valor y eficacia legales a los efectos de la aplicación de la presente Ley las ventas, segregaciones o enajenaciones de cualquier naturaleza realizadas con posterioridad al primero de enero del presente año a favor de parientes dentro del cuarto grado de consanguinidad o segundo de afinidad, así como las divisiones de condominio integrado por esos parientes.

Igualmente carecen de eficacia y valor legales a los efectos de la aplicación de la presente Ley las adjudicaciones realizadas a partir de la expresada fecha a favor de accionistas o socios de Compañías de cualquier clase que fueren entre si parientes dentro del cuarto grado de consanguinidad o segundo de afinidad. 10.

I.4.14 *Disposiciones Finales*

El INRA se coordinará con el Ejército Rebelde, según la disposición final 4a. La Ley de Reforma Agraria es Ley Constitucional, en virtud de la facultad legislativa constitucional otorgada al Consejo de Ministros, y por eso fue firmada por el Presidente, y todos los Ministros.

I.5 *Principios de la Doctrina Social Cristiana*

En líneas generales los grandes principios sociales cristianos, aplicados de un modo más concreto a Cuba podrían desarrollarse conforme al siguiente esquema.

(1) El derecho a la propiedad, que hay que garantizarlo y así lo hace la Constitución de 1940 en el Artículo 87 antes mencionado.

(2) Hay que aceptar y realizar la función social de la tierra, y esto lo expresa el Artículo 88 de la Constitución. Esto en tres aspectos: Primero, la tierra de Cuba como solar nacional — Cuba para todos los cubanos. Segundo, como factor de producción, para mejorar el nivel de vida. Y tercero, como elemento estabilizador de la familia, que es la base de la Patria.

(3) Limitaciones de la propiedad privada. La primera limitación, en cumplimiento de estos principios, sería proscribir el latifundio, según lo hace la Constitución en el Artículo 90. Pero determinar la extensión que constituye un latifundio, no depende del número de caballerías sino de la aptitud de la tierra para producir. Hay que mirar la clase de cultivo y de tierra, no pudiendo, por lo tanto, dictaminarse *a priori* la extensión de los latifundios.

(4) Hay que reglamentar el absentismo.

(5) Hay que proscribir tierras baldías, cuando se necesita que la tierra produzca para que todos los cubanos puedan vivir mejor.

(6) Hay que regular las propiedades extranjeras.

(7) Hay que aceptar una justa intervención del Estado, puesto que tiene el derecho y el deber de intervenir como representante del bien común. Pero la intervención estatal deberá ser respetando el principio de subsidiaridad.

I.6 *Juicio Moral*

A la luz de estos principios podemos afirmar que la Ley de Reforma Agraria es anti-cristiana. La Ley no sigue los principios morales de la doctrina social de la Iglesia por cuanto (1) suprime el derecho de propiedad sobre la tierra, (2) confisca a los legítimos propietarios sin justa y previa indemnización, (3) socializa la agricultura cubana, mediante la organización de entidades estatales falsamente denominadas cooperativas, (4) desconoce el principio de subsidiaridad en la actividad estatal, por cuanto establece un super organismo estatal, el INRA, el cual controla toda la economía agrícola, (5) es injustamente nacionalista, por cuanto persigue las propiedades extranjeras en contraste con la enseñanza de la Iglesia.

> La emigración y el espacio vital familiar: Y más de una vez resulta inevitable que algunas familias, emigrando de aquí y de allá, se busquen en otra región nueva patria. Entonces, según la enseñanza de la *Rerum Novarum*, se respeta el derecho de la familia a un espacio vital.

> Dios creó la tierra para uso de todos: Donde esto sucede, la emigración alcanzará su objeto natural, confirmando frecuentemente por la experiencia, la distribución más favorable de los hombres en la superficie terrestre apta para colonias de agricultores: superficie que Dios creó y preparó para uso de todos. 11.

Y por último (6) es inmoral por cuanto se aplica con efecto retroactivo.

La ley no sólo es anti-cristiana, podemos afirmar también que es marxista. En primer lugar sigue textualmente las indicaciones del Manual de Marxismo Leninismo:

> De ahí que en todos los países donde esa gran propiedad rural exista —lo mismo si es feudal que capitalista— la confiscación de la misma sea una tarea primordial de la clase obrera. 12.

En segundo lugar la creación de sus cooperativas está encaminada a la colectivización total de la agricultura, como establece el mismo manual antes mencionado:

> El único camino para crear en el campo una gran producción socializada es la transformación gradual de la

pequeña propiedad campesina en cooperativa (de grupo), a fin de que el trabajo individual sea sustituido por el trabajo en común, colectivo, que elimina la explotación del hombre por el hombre. 13.

En cuanto a la segunda Ley de Reforma Agraria de 3 de octubre de 1963, es supérfluo establecer su filiación marxista por cuanto esto no sólo es evidente en el texto de la ley, sino también por las declaraciones explícitas del Gobierno de Castro en relación a su ideológica.

1.7 *Juicio Económico*

¿Qué opinión merece la Ley desde el punto de vista económico? ¿Cuál será su eficacia para promover los fines que la justificaban? En primer lugar tenemos el alcance de la Ley. En ningún momento se ha demostrado que los límites de expropiación de 30 caballerías y las excepciones hasta 100 sean justificable, desde un punto de vista económico. Si esas áreas no constituyen el tamaño de unidad agrícola de eficiencia máxima, no se ve razón alguna para imponer tales límites. Por el contrario, si se demuestra que esa área es en sí la unidad agrícola óptima, no parece justificada la proclividad de la Ley a integrar cooperativas en las áreas expropiadas antes que proceder a su segregación

Aparentemente la Ley penaliza ante todo el absentismo, o sea, la posibilidad de arrendar la tierra. A primera vista tal medida se justifica apoyada en el principio de que el interés del dueño-cultivador será mayor que el de un mero arrendatario. No obstante esto, podría aducirse que la posibilidad de arrendar libera capital de trabajo y permite la entrada en el mercado agrícola a mayor número de empresarios, pues disminuye el monto de inversión necesaria para iniciar la explotación. Aún más condenable es la prohibición de la aparcería o contrato de arrendamiento, en el cual el propietario de la tierra participa proporcionalmente en los frutos de la cosecha y que por tanto no es un simple contrato de arriendo sino, como se ha explicado antes, un contrato de sociedad.

Después de acabar con el absentismo la Ley procede a la expropiación del latifundio y por último se ocupa de las tierras que no están actualmente en cultivo. Económicamente hablando parece más lógico un orden inverso por el cual se incrementa el área de tierras cultivadas antes de pasar a los cambios estructurales de la propiedad agrícola.

Las limitaciones a las sociedades anónimas, a los hacendados y a los extranjeros, contenidas en los artículos 12, 13, 14 y 15, no tienen justificación económica evidente. Las limitaciones a las sociedades anónimas tienden más bien a impedir el acceso a la propiedad agrícola.

Las limitaciones a los extranjeros son justificables únicamente en función de evitar el control de la propiedad territorial, que pueda ser utilizada en contra de los intereses nacionales. En el caso de los hacendados se impide la integración vertical de la producción azucarera.

La distribución de las tierras expropiadas ocupa un lugar subsidiario a la integración de cooperativas y por tanto es evidente que la Ley no se propone crear una capa de cultivadores independientes, tal como apunta, la disposición final segunda. Este articulado contradice, pues, dos de los supuestos fines de la Ley: (1) destrucción del latifundio , (2) incremento del número de propietarios agrícolas. En cuanto a las tierras que, en definitiva, habrán de ser distribuidas es obvio que el orden indicado en el artículo 23 tiene un carácter político y no económico.

Pero la evidencia más absoluta de que la Ley no se propone la creación de propietarios independientes está contenida en los artículos que regulan el uso que los campesinos beneficiados podrán hacer de las tierras. Según el texto de los artículos 33, 34 y 35 los nuevos "propietarios" tan solo tienen el derecho de usufructo de las tierras a su cargo, y en virtud del Artículo 66 aún este derecho puede ser rescindido por disposición administrativa del INRA. En conjunto, pues, los beneficiarios de la Ley, se encuentran en circunstancias peores que los arrendatarios, aparceros y precaristas del antiguo régimen agrícola, por cuanto los derechos de estos últimos eran de naturaleza irrevocable y podían ser vendidos, cedidos o permutados sin aprobación previa del dueño de las tierras.

La Ley tampoco crea cooperativas en el sentido estricto de la palabra, por cuanto no sólo sus administradores, sino también su Reglamento habrá de ser determinado por el INRA y por lo tanto no se cumplen las reglas esenciales del movimiento de cooperativas: (1) adhesión voluntaria, (2) control democrático, (3) distribución proporcional de los beneficios, (4) limitación del interés al capital, (5) apoliticidad y neutralidad religiosa, (6) pago al contado y (7) fomento de la educación.

Las prerrogativas del INRA le conceden el completo control de toda la producción agrícola, aún de aquella que teóricamente se deja en manos privadas. Un organismo de tal naturaleza es indefectiblemente anti-económico. Si actúa e implementa las prerrogativas que le han sido otorgadas será anti-económico, en función de su dimensión y de su naturaleza burocrática que divorcia la responsabilidad de las decisiones de los beneficios o penalidades que las mismas conllevan. Si por el contrario se insinúa que es un instrumento potencial y que el Poder Ejecutivo será lo suficientemente inteligente para impedir su desarrollo, más allá de lo que la eficiencia práctica aconseja, la mera existencia de la institución paraliza a los empresarios privados ante la incertidumbre de que sus actos estén o no de acuerdo con la política del INRA.

La indemnización tal como está contenida en los Artículos 29 y 31 es de hecho ficticia y por tanto injusta, a la luz de la Constitución de 1940 que prohibe la expropiación sin previa indemnización. Es injusta porque los bonos no tendrán mercado y de pagarse en efectivo se entraría en un proceso inflacionario de consecuencias incalculables para el desarrollo económico. De hecho, el pago en efectivo equivaldría a la expropiación no sólo de los propietarios agrícolas, sino de todos aquellos cuyos activos estén en forma líquida o vivan de rentas fijas.

La Ley por tanto no parece promover los fines que la justificaban. No dá fin al latifundio por cuanto no distribuye los expropiados, sino que organiza en los mismos supuestas cooperativas, cuya naturaleza es evidente el de empresa estatal. No promueve la creación de un gran número de pequeños propietarios, por cuanto no concede verdaderos títulos de propiedad. No erradica el absentismo por cuanto el INRA, adquiere, por su centralización del control de la producción, el carácter de absentista. Y finalmente, no promueve el de la producción por cuanto a corto plazo no aumenta las tierras en cultivo, ya que sólo serán intervenidas las tierras baldías pasados dos años de la promulgación de la Ley. Además la Ley paraliza a los actuales empresarios agrícolas pues la incertidumbre les impedirá actuar y el INRA no puede llenar este vacío con la intervención inmediata de todas las tierras.

No existe en Cuba una reserva de personal capacitado que permita reemplazar de inmediato a los actuales empresarios agrícolas.

Hasta aquí el análisis somero de la Ley de Reforma Agraria del 17 de mayo de 1959. Más antes de pasar a evaluar sus resultados en la práctica, es necesario añadir una referencia a la llamada Segunda Ley de Reforma Agraria promulgada el 3 de octubre de 1963.

La "Ley sobre las bases definitivas del desarrollo agrario" es claramente una Ley de carácter político. No necesita como en 1959 encubrir sus fines con justificaciones económicas. El legislador no se oculta para exponer que su propósito es la eliminación de lo que el llama la burguesía rural. La politicidad de la Ley está claramente expresada en sus por cuantos.

> POR CUANTO: Existen fincas mayores de sesenta y siete hectáreas y diez áreas (cinco caballerías) que propietarios o poseedores burgueses retienen en sus manos en detrimento de los intereses del pueblo trabajador...

> POR CUANTO: La existencia de esa burguesía rural es incompatible con los intereses y los fines de la Revolución Socialista. 14.

El Articulado es breve y simple. No se habla, como en la primera Ley, de distribución de la tierra y de fomento de la producción, tan solo se expresa que se expropiaran y nacionalizarán todas las fincas rústicas con extensión superior a cinco caballerías. Las excepciones, de carácter administrativo, serán aplicadas a aquellos que hayan demostrado una plena disposición a cooperar con los planes de la revolución. En las expropiaciones se incluye no sólo la propiedad territorial, sino el efectivo y las cuentas bancarias de las personas afectadas.

No se indemniza a aquellos que no estuviesen explotando personalmente o por medio de administradores las tierras expropiables. Para los que tuviesen derecho de indemnización ésta se fija arbitrariamente, independientemente del valor de la propiedad. Consistirá la indemnización en la entrega, por el término de 10 años, de quince pesos mensuales por caballería expropiada.

Se establece no obstante que la indemnización no podrá ser inferior a cien pesos ni superior a doscientos cincuenta pesos mensuales. Es superfluo discutir, por ser imposible de probar, si la indemnización es o no justa. En un país socialista no hay mercado para las tierras y no existe base constitucional para el derecho de propiedad, no es posible pues, determinar el valor de las tierras poseídas. Lo interesante de este artículo referente a la indemnización es que contrasta con los artículos 29 y 31 de la Ley original de Reforma Agraria, en que se hacía referencia a la entrega de bonos. El artículo de esta Ley es pues la única evidencia que el Gobierno ofrece del hecho conocido por todos los cubanos, pero ignorando por los apologistas de la Reforma Agraria, de que en ningún momento se ha entregado a los propietarios expropiados los bonos estipulados por la Ley, estos bonos ni siquiera han sido impresos.

Hasta aquí pues el análisis de la legislación agraria del Gobierno Revolucionario Cubana. Que la legislación es en teoría injusta e ineficaz para los fines que supuestamente se proponía, es evidente y la lectura de la misma sería suficiente para que aún el lector no-técnico, aceptare esta afirmación.

Pero un Gobierno Revolucionario no se caracteriza precisamente por su respeto a la Ley, como dijera Fidel Castro en su discurso del 8 de mayo de 1959: "Nosotros hacemos las leyes". Si es así, si todo proceso revolucionario es por naturaleza pragmático y fluído, podría aducirse que en la práctica los organismos encargados de la Reforma Agraria han sabido implementar ésta siguiendo no la letra de la Ley sino su espíritu. Para contestar esta pregunta es necesario ir al análisis de la situación agrícola de Cuba. Ocho años han pasado desde la promulgación de la primera Ley de Reforma Agraria, es pues oportuno medir su impacto en la economía. Esta será nuestra labor en los próximos capítulos.

CAPITULO II

Fines de Justicia Social

Pasemos a analizar los resultados de la Reforma Agraria Cubana, al cumplirse el IX aniversario de su promulgación, en base a la información oficial y tres publicaciones de singular relieve. En primer lugar tenemos el artículo del Ing. Jacques Chonchol, cuyo acceso a las fuentes del gobierno quedó establecida por los editores de *Trimestre Económico:*

> El señor Chonchol fué asesor de las Naciones Unidas en el Instituto Nacional de Reforma Agraria de Cuba desde la iniciación del proceso de redistribución de la tierra hasta fines de 1961, y ello le permite opinar con autoridad y hacer un análisis crítico de esta nueva orientación. [15]

El fin del artículo, según su autor es:

> Hacer una presentación y evaluación objetivas de lo que ha significado la Reforma Agraria que se está efectuando en Cuba, desde su comienzo, en junio de 1959, hasta fines de 1961. [16]

Cómo se efectuó el proceso? Según Chonchol:

> Después de la intervención de las tierras ganaderas... vino en los primeros meses de 1960 la intervención de las propiedades azucareras y arroceras afectadas por la Ley de Reforma Agraria. Para ésto se esperó que los agricultores afectados terminaran la zafra azucarera de 1960 o sus cosechas de arroz... En el curso de 1960 se completó además casi todo el proceso de intervención. [17]

Esta afirmación nos puede hacer dudar de la validez de un análisis basado en cifras, que llegan tan solo hasta 1961 evidenciando un cierto grado de apresuramiento en enjuiciar un proceso que estaba en pleno desenvolvimiento. Esta sospecha se refuerza si conocemos que en 1959 el propio Chonchol expresaba:

> En virtud de todos los planteamientos esbozados en los considerandos anteriores, se estima que el proceso completo de la Reforma Agraria no puede ser realizado satisfactoriamente en Cuba ni en seis meses, ni en un año, sino posiblemente en el mejor de los casos, en unos tres años. [18]

Pasaremos no obstante por alto esta inconsistencia intelectual del Sr. Chonchol y utilizaremos su artículo, a fin de refutar sus afirmaciones y probar la inclinación ideológica del autor. Ello resulta evidente por presentar, como demostraremos oportunamente, contradicciones internas, e ignorar información que estaba a su disposición en el momento de publicarse el artículo —marzo de 1963.

La segunda obra utilizada será la contribución del Economista chileno, Andrés Bianchi, al libro editado por Dudley Seers: *"Cuba, The Economic and Social Revolution"*. Esta obra es sumamente significativa, por afirmar su Editor que la visita del grupo investigador no contaba con el beneplácito del Gobierno Cubano, de ahí que:

> Consequently we had to spend a good deal of time developing supplementary sources of information in the capital, and visiting local offices in the provinces.
> In some respects, this setback was by no means as bad as we at first feared. For one thing, we certainly did not see merely what the authorities wanted us to see. [19]

Quien conozca las características de un régimen socialista, especialmente en sus años de consolidación pondrá en duda que cuatro extranjeros, con sus respectivos auxiliares, pudieran viajar a Cuba sin el beneplático del gobierno y circular libremente por la Isla, y más aún obtener información de organismos locales que en definitiva dependen del Gobierno Central. Conociendo además que la fecha de la visita fué en el mes de septiembre de 1962, tan sólo unas semanas con anterioridad a la Crisis de los Proyectiles intercontinentales, la afirmación de hostilidad del Gobierno Cubano al grupo investigador se hace difícil de aceptar.

Habida cuenta de lo anteriormente mencionado, el análisis del argumento del Sr. Bianchi es de sumo interés por los mismos motivos por los que hubiésemos de referirnos al del Sr. Chonchol. El Sr. Bianchi, sin embargo, presenta una diferencia sustancial con el Sr. Chonchol. Su adhesión es mesurada, no falsea esencialmente la información económica, tan sólo la reinterpreta, justificando errores, destacando supuestos éxitos, ignorando hechos desfavorables.

Por último nos referiremos al informe "La Economía Cubana" contenido en el "Estudio Económico de América Latina, 1963". El análisis es supuestamente neutral por cuanto ha sido realizado por los técnicos de las Naciones Unidas, pero es por otra parte oficial por cuanto: "Las estadísticas de que se ha dispuesto son principalmente de fuente oficial", [20] y en ningún momento el Gobierno Cubano lo ha desmentido. El análisis no presenta como en los casos anteriores mayores contradicciones internas. Hay sí, no obstante, una debilidad evidente y es que la cifras que le han sido aceptadas al Gobierno Cubano y sobre las que se basa el informe, no coinciden con cifras publicadas por fuentes oficiales cubanas, y además contradicen la información estadística ofrecida por las propias Naciones Unidas en el *Statistical Year Book*. Asimismo, es de notar que posteriormente, en el Estudio Económica de América Latina para 1964, la CEPAL reporta una reducción del 31% en la producción agrícola cubana de 1958 a 1963 y que alcanzó al 37% en 1964. El producto agrícola per cápita experimentó una reducción paralela del 38% y 43% respectivamente.[21] Ciertamente, el investigador del organismo mundial no fue suficientemente industrioso en comparar las cifras que le ofreciera el Gobierno Cubano con las que su misma organización había aceptado hasta el momento.

Si estas fueran nuestras únicas fuentes de información,

esta contribución sería solo un ejercicio de lógica, ya que únicamente podría demostrar la inconsistencia interna de cada uno de los trabajos mencionados, y las contradicciones entre los mismos. Por suerte disponemos además de informaciones oficiales del Gobierno Cubano que servirán de base para el análisis. No es necesario añadir que si algún sesgo se ha introducido en estas cifras es favorable a la tesis de los autores mencionados de que la Reforma Agraria ha sido un éxito, pues es de suponer que el gobierno de Cuba está más interesado que ellos en probar que sus medidas han sido un acierto.

Cronológicamente debe señalarse tres subdivisiones en el proceso bajo estudio. Entre el año 1958 y 1959, en que se efectuó el cambio político, pero cuando los productos a que se hace referencia, fueron cultivados y cosechados hasta 1960 por los empresarios privados. Los aumentos de producción en estos años no pueden atribuirse a la Reforma Agraria, ya que aún no estaban bajo su control las unidades productoras. Los cambios que se observan pueden reflejar más bien el impacto indirecto de los rumores que lanzó el gobierno sobre el propósito de la Ley de Reforma Agraria de afectar primaria o exclusivamente a las tierras que no estuviesen produciendo a plenitud.

A fines de 1960, se realiza, como apunta el artículo de Chonchol, la socialización general de las tierras e ingenios azucareros, así como de gran parte de las otras unidades agrícolas en manos privadas. No obstante, los rendimientos de 1961 pueden ser atribuidos, dado el ciclo agrícola, a los cultivos realizados bajo la empresa privada y que la administración comunista sólo tuvo que cosechar. Si bien es cierto que los errores en la cosecha contribuyeron a su merma, esto fue amortiguado, en gran parte, por la bondad de los cultivos previos, así como por la recogida de cultivos que estaban todavía en proceso de desarrollo.

Sin más, pasemos al análisis de los resultados de siete años de Reforma Agraria.

En conjunto los fines de la política agraria del Gobierno Cubano pueden ser clasificadas en dos grupos: fines primariamente sociales y fines económicos. Los fines de tipo social se dirigían, básicamente, a alterar el régimen de propiedad agraria para lo cual se proponían tres medidas: (1) la distribución del latifundio; (2) la supresión del absentismo, y como consecuencia de ambas medidas, (3) la creación de propietarios.

Evidentemente, la distribución del latifundio y la creación de propietarios tienen implicaciones de naturaleza económica por cuanto alteran el tamaño de la explotación agrícola así como la relación del empresario con la tierra en cultivo. El Gobierno Cubano, no obstante, no pretende justificar estas medidas en función de su rendimiento económico sino en sí mismas, por su significado social. Es necesario tener esto en cuenta pues si su ejecución hubiese tenido algún costo económico, en el sentido de disminuir la producción agrícola, no podría condenarse por ello al Gobierno, por cuanto el fin social estaba tomando precedencia al fin económico.

Los fines de naturaleza económica estaban encaminados a aumentar el nivel de vida del sector agrícola y en general de toda la nación. Para ello se procedería: (1) a la diversificación de la producción agrícola, y (2) a aumentar la productividad y la producción, utilizando recursos marginales.

Pasemos primero a evaluar la eficacia en la realización de los fines sociales: Distribución del latifundio; supresión del absentismo y creación de propietarios. Si estas medidas han sido ejecutadas y ellas han tenido un costo económico estaremos en una posición más justa de evaluar los resultados productivos de la Ley de Reforma Agraria.

II. *Distribución del Latifundio*

Una de las premisas esenciales de la Ley de Reforma Agraria Cubana era la subdivisión de las grandes unidades productivas en áreas menores que forzarán a la producción intensiva. Se aceptaba, sin demostrarlo, que el cultivo intensivo era económicamente preferible a la producción extensiva, a la cual se culpaba del bajo desarrollo de la agricultura cubana. A este efecto los por cuanto Nos. 9, 10 y 11 de la Ley de Reforma Agraria establecían:

> POR CUANTO: En las fincas mayores es evidente un lesivo desaprovechamiento del recurso natural tierra, manteniéndose las áreas cultivadas en una producción de bajos rendimientos, utilizándose áreas excesivas en una explotación extensiva... POR CUANTO: Es criterio unánime que el fenómeno latifundiario que revelan los datos anteriores no sólo contradice el concepto moderno de la justicia social, sino que constituye uno de los factores que conforman la estructura subdesarrollada y dependiente de la economía cubana, comprobable por distintas características, entre ellas: la dependencia del Ingreso Nacional, para su formación de la producción para la exportación, considerada como la "variable estratégica" de la economía cubana, que resulta así altamente vulnerable... POR CUANTO: La Constitución de 1940 y la Ley Fundamental del Gobierno Revolucionario proscriben el latifundio y establecen que la Ley adoptará medidas para su extinción definitiva. [22]

Igualmente, el mismo Fidel Castro insistía en una comparecencia televisada el día 25 de marzo de 1959:

> Yo he dicho aquí que no se repartan las tierras desordenadamente, que tienen que esperar las leyes y que tienen que esperar que el gobierno organice todo esto, pero eso no quiere decir que no se vayan a repartir los latifundios por supuesto. Al contrario, estoy diciendo que esperen, *que los vamos a repartir, pero bien repartidos.* [23]

En el mismo espíritu tenemos la afirmación de Chonchol de que la Reforma Agraria no sólo se proponía sino que, de hecho, estaba realizando un "aceleradísimo proceso de redistribución de la tierra". [24]

Nueve años después, ¿Se han distribuido los latifundios y aumentado el número de unidades agrícolas pequeñas, que están forzadas a la producción intensiva? Veamos lo que nos dice a este respecto el propio Fidel Castro:

> El reparto de los grandes latifundios, posiblemente habría arruinado a la revolución. *Los problemas que la revolución tendría si hubiese dividido esas tierras serían dramáticos.* [25]

Según se observa en el Cuadro No. 1, 266 granjas del pueblo tenían un área promedio de 9,100 hectáreas y 622 cooperativas cañeras un área promedio era de 1,300 hectáreas. La primera cifra es 9 veces mayor y la segunda 1.2 veces superiores en tamaño al área promedio de las tierras supuestamente afectables por la Reforma Agraria Cubana en virtud de su tamaño. Esto se comprueba si vemos según el Cuadro No. 1 que el área promedio de las 4,423 fincas de un tamaño mayor de 30 caballerías era de 1,165 hectáreas.

De una manera explícita el Sr. Chonchol reconoce este hecho al afirmar que:

> A pesar de que jurídicamente se producían grandes cambios en los sistemas de tenencia de la tierra... los latifundios no se dividían en pequeñas empresas agrícolas, sino que se mantenían como grandes empresas cooperativas o como grandes fincas de administración directa del INRA. [26]

CUADRO No. I
Evolución de la Distribución de la Tierra Según Tamaño de la Finca

Distribución de la Tierra por Tamaño de Finca (I)	NUMERO DE FINCAS	% DEL TOTAL	MILES DE HECTAREAS	% DEL TOTAL	AREA PROMEDIO POR UNIDAD	PROPIE-TARIOS	% DEL TOTAL	TRABAJA-DORES
Hasta 2 caballerías	125,619	78.4	1,363	15.0	11.9			
Más de 2 hasta 5 caballerías	16,766	10.5	823	9.1	48.9			
Más de 5 hasta 30 caballerías	13,150	8.2	1,728	19.0	131.2			
Más de 30 caballerías	4,423	2.8	5,164	56.9	165.7			
TOTAL:	159,958	100.0	9,078	100.0				
Tierra Potencialmente Afectada por la Ley de Reforma Agraria 1959 Declaraciones Juradas (II)								
Hasta 5 caballerías (67.1 hectáreas)	28,735	68.3	629	7.4	21.9	20,229	66.1	
Más de 5 hasta 30 caballerías	9,752	23.2	1,641	19.3	168.3	7,845	24.5	
Más de 30 caballerías	3,602	8.5	6,252	73.3	1,735.5	2,873	9.4	
TOTAL:	42,089	100.0	8,522	100.0		30,587	100.0	
Tierras Afectadas hasta Mayo 1961 (III) Distribución de la Tierra 1961 (IV)								
Cooperativas cañeras (Mayo 1961)	622		809		1,300			169,000
Títulos de Propiedad (Febrero 1961)	32,823		383		11.6			
Granjas del Pueblo (Mayo 1961)	266		2,434		9,100			96,500

(I) Jacques Chonchol, Análisis Crítico de la Reforma Agraria Cubana, en "Revista El Trimestre Económico", No. 117, Vol. XXX, Fondo de Cultura Económica, México, Pag. 74 y Número Especial de "Lunes de Revolución", de Mayo 19, 1959.
(II) Ibid. Pág. 75
(III) Ibid. Pág. 97
(IV) Andrés Bianchi, Cuba, The Economic and Social Revolution, Edit. Dudley Seers (United States: The University of North Carolina Press, 1964, Pags. 108, 111, 125.

Igualmente el Sr. Bianchi nos confirma el proceso de incremento en las unidades agrícolas:

> In effect, the consolidation of more than 500 INRA-managed cattle ranches and almost 900 agricultural cooperatives into 260-odd people's farms early in 1961 meant a great increase in the average size of the agricultural units. [27]

Lo anteriormente expuesto y el análisis cuidadoso de los Cuadros Nos. 1 y 2 nos permite concluir (1) que el Gobierno Cubano ha cambiado su anunciada política de distribución de los latifundios y fomento de pequeñas unidades de producción intensiva; (2) que se ha producido un aumento considerable en el tamaño de las unidades de producción agrícolas; ambos hechos ignorados por los autores que nos ocupan.

II. 2. *Absentismo*

Una de las características que el régimen de Castro consideraba condenatoria en la organización de la producción rural era que los beneficios de la producción agrícola fueran disfrutados por propietarios que no explotaban directamente sus tierras, sino que lo hacían a través de administradores o por medio de arrendatarios. A este efecto, el Sexto por Cuanto de la Ley de Reforma Agraria destacaba la necesidad social y económica de suprimir el absentismo.

> POR CUANTO: El Censo Agrícola Nacional de 1946 evidenció que la inmensa mayoría de las fincas ... están en manos absentistas, lo que representa en muchos casos una situación de injusticia social y en la totalidad de los mismos un factor de desaliento a la eficacia productiva. POR CUANTO: En el propio Censo Agrícola se evidencia también la extrema e inconveniente concentración de la propiedad de la tierra en unas pocas manos. [28]

Igualmente, el Sr. Chonchol señala el fenómeno absentista como uno de los problemas del agro cubano:

Sólo el 30 por ciento de las 160 mil fincas censadas en 1945 (que comprendían el 32 por ciento del área total en fincas) eran operadas directamente por sus propietarios. El 70 por ciento de las fincas y el 67.6 por ciento del área total estaban operadas indirectamente por administradores, arrendatarios, subarrendatarios, partidarios (aparceros) y precaristas (ocupantes sin título de ninguna especie). [29]

En el Cuadro No. 2 podemos observar que en 1958 el 32.5 por ciento del área cultivada estaba explotada por sus propietarios. Si recordamos lo expresado sobre la Ley de Coordinación Azucarera vemos que otro 42 por ciento del total estaba cultivado por *cuasi*-propietarios. O sea, que solamente un 25 por ciento del área cultivable lo era bajo un régimen realmente absentista.

CUADRO No. 2
Evolución del Régimen de Propiedad Agrícola

Tipo de Tenencia 1946 (I)	NÚMERO DE FINCAS	% DEL TOTAL	MILES DE HECTAREAS	% DEL TOTAL	HAS. PROMEDIO POR UNIDAD
Propietarios	48,792	30.5	2,959	32.5	60.6
Administradores	9,342	5.8	2,320	25.5	248.4
Arrendatarios	46,048	28.8	2,714	30.0	58.9
Sub-arrendatarios	6,987	4.4	215	2.4	30.8
Aparceros o Partidarios	33,064	20.7	552	6.1	16.7
Precaristas	13,718	8.6	245	2.7	17.8
Otros	2,007	1.2	72	.8	35.9
TOTAL:	159,958	100.0	9,078	100.0	56.7
Distribución de la Tierra Agosto 1961 (II)					
Granjas del Pueblo			2,657	26.4	
Cooperativas Cañeras			878	8.7	
Asoc. Nacional de Agricultores Pequeños			2,416	24.0	
Resto Sector Privado			4,118	40.9	
TOTAL:			10,070	100.0	
Distribución de la Tierra 1963 (III)					
Propiedad Confiscada	121,958	76.24	6,888	75.9	56.4
Propiedad Privada	38,000	23.76	2,182	24.1	57.4
TOTAL:	100,000	100.0		100.0	
Distribución de la Tierra 1963 (IV)					
Propietarios	100,000			40.0	41.2
Distribución de la Tierra 1964 (V)					
Propietarios	167,000		2,127	21.1	12.7

(I) Cuba Socialista, Año III, Mayo 1963, pág. 23 y Número Especial de "Lunes de Revolución", de Mayo 18, 1959, que reproducen el Censo Agrícola de 1946.
(II) Bianchi, DP. CIT, pág. 129
(III) Carlos Rafael Rodríguez, Mayo 9, 1964
(IV) Estudio Económico de América Latina 1963. Naciones Unidas, U.S.A. 1964, págs. 271 y 272.
(V) Carlos Rafael Rodríguez, 27 de Enero de 1965.

Estas cifras se comparan con las ofrecidas por Carlos Rafael Rodríguez y por la cual se demuestra que para el año 1964 tan sólo un 21.1 por ciento de la tierra era cultivada por sus propietarios, si es que se puede hablar de propietarios en un régimen socialista, mientras que el 78.9 por ciento restante estaban siendo explotadas bajo un régimen superabsentista dirigido desde la Habana. A este efecto si se toma literalmente "que toda la agricultura es un gran plan Fidel" [30] vemos que el absentismo del pasado ha sido reforzado por el excesivo centralismo y absentismo del presente.

Igual que en los aspectos anteriores, también los apologistas de la Reforma Agraria Cubana nos ofrecen evidencia de que el régimen cubano no ha cumplido con los postulados de su política agraria y que ellos al escribir sobre la misma han pasado por alto estas contradicciones. Así Chonchol afirma:

> Esto fue agravado por un excesivo centralismo que hacía que gran número de decisiones no pudieran tomarlas los Jefes de Secciones sin el visto bueno del Jefe del Departamento y a menudo del propio Presidente del INRA, los que físicamente no podían estar en todas partes y resolverlo todo a pesar de realizar un trabajo sobrehumano. [31] La insuficiencia del personal administrativo y el exceso de centralismo, puesto que cada granja del pueblo debe entenderse directamente para todas sus gestiones con la Administración General de Granjas del Pueblo en La Habana crea serios problemas, especialmente de atrasos en la entrega de fondos, que a veces retardan los pagos a los trabajadores o la realización de ciertas labores indispensables. [32]

Y Bianchi dice:

> At the beginning, the administration of the people's farm was considerably centralized. Unlike the cane cooperatives, which were grouped in 46 regional associations, no intermediate level was established for the state farms, which, therefore, had to refer their financial and organizational

problem directly to the central offices of INRA in Havana. There are 304 farms — said the Institute's Production Chief, Eduardo Santos Ríos during the 1961 national production meeting — and they are centrally managed, one by one. [33]

Resumiendo: (1) la concentración y el absentismo en las explotaciones agrícolas han aumentado, lo cual es reconocido por el propio gobierno cubano; (2) el hecho es registrado, pero sin calificarlo, tanto por el Sr. Chonchol como por el Sr. Bianchi.

II. 3. *Creación de Propietarios*

El último fin que podría aducir para defender la política agraria del gobierno cubano es la creación de propietarios. Así lo afirma el séptimo por cuanto y la Segunda Disposición Final de la Ley de Reforma Agraria.

> POR CUANTO: En el propio Censo Agrícola se evidencia también la extrema e inconveniente concentración de la propiedad de la tierra en unas pocas manos, . . . 1.5 por ciento de los propietarios poseen más del 46 por ciento del área nacional en fincas, situación aún más grave, si se tiene en cuenta que hay propietarios que poseen varias fincas de gran extensión. [34]

> Segunda: Se declara de interés social y de utilidad pública y nacional las disposiciones de la presente ley, en razón de asegurar la misma, el fomento de grandes extensiones de fincas rústicas, el desarrollo económico de la Nación, la explotación intensiva agrícola e industrial y la adecuada redistribución de tierras entre gran número de pequeños propietarios. [35]

Tanto Chonchol como Bianchi, no sólo concurren con este fin sino que afirman que ha sido alcanzado.

> In the private sector of agriculture, two major institutional changes occurred over the period being analyzed: the issue

of ownership titles to farmers cultivating less than the "vital minimum" and the limitation of most private farms to a statutory maximum of 402.6 hectares... By February, 1961, 32,823 peasants had become owners of the land they had previously cultivated as tenants, share-croppers, or squatters. [36]

... a pesar del aceleradísimo proceso de redistribución de la tierra que simultáneamente estaba teniendo lugar. [37]

La realidad se encarga de desmentir estas afirmaciones, por cuanto, según la declaración de Carlos Rafael Rodríguez, anteriormente citada, en 1964 solamente el 21.1 por ciento de las tierras quedaban en manos privadas. Pero la naturaleza de esta propiedad privada es aún más limitada de lo que usualmente se entiende por ella, lo cual se evidencia en la siguiente cita del informe de las Naciones Unidas:

En el caso de los agricultores privados se han diseñado una serie de procedimientos indirectos tendientes a orientar su actividad y dentro de los lineamientos generales de la planificación, y controlar la comercialización de sus productos... La comercialización de los productos agropecuarios se realiza fundamentalmente a través de los centros de concentración y compra (Centro de Acopio) organizados por el INRA hacia los cuales se canaliza la producción de las granjas estatales, así como las entregas de los pequeños agricultores de acuerdo con los convenios que celebran. [38]

El mismo Chonchol concurre con esta opinión cuando expresa:

No cabe duda tampoco que los jefes de la Revolución y los responsables de la ANAP piensan que esta Asociación es un primer paso para llevar a los pequeños agricultores individuales a formas de trabajo colectivo que consideran superiores. [39]

Lo mismo se reconoce con respecto a las fincas eufemísticamente llamadas cooperativas, las cuales por su organización y su reglamentación, tal como podía preverse en los artículos 43 y 44 de la Ley de Reforma Agraria, son en sí organismos estatales. Esto es reconocido, sin mayor dificultad, por el Sr. Chonchol al citar distintos párrafos del Reglamento de las cooperativas.

> A decir verdad, ninguna de estas cooperativas de producción tenía una organización definida, un estatuto, un número determinado de cooperativistas, ni responsables o autoridades cooperativas. Todas ellas eran dirigidas por un administrador nombrado por el INRA. [40]

> Administración de las cooperativas. "Hasta tanto las cooperativas estén perfectamente organizadas y sus miembros hayan adquirido la experiencia necesaria para su administración, el administrador será designado por el Instituto Nacional de Reforma Agraria." [41]

En cuanto a las granjas del pueblo, el que ellas no constituyen en realidad una forma de propiedad del campesino, es aún más evidente, tal como se manifiesta en el siguiente párrafo:

> Características básicas: La Granja del Pueblo es una finca estatal que se considera propiedad de la nación, tal como las grandes empresas industriales nacionalizadas. [42]

Esto es confirmado por Bianchi cuando dice:

> In January, 1961, the loosely organized agricultural cooperatives were consolidated with the INRA managed cattle ranches to form the *granjas del pueblo*. The new units were enterprises, similar to the *Russian sovkhozy*. The ideological preference for state over cooperative production was only one of the reasons for their establishment. Other factors were the desire to control large units where agricultural diversification could proceed. [43]

The state farms were run by managers appointed by INRA, with assistants in charge of machinery, cattle, crops, education, and other activities. Expenditures were financed directly out of the Institute budget. [44]

Chonchol no objeta este estado de cosas, ni señala su contradicción con la supuesta política agraria de la Revolución en sus comienzos, tan solo se limita a señalar el hecho, a justificarlo y a explicar que a su juicio:

> las razones fundamentales de esta reorganización fueron las tres siguientes:
>
> i) la concepción teórica de que en una economía socialista-marxista como la que pretende establecer la Revolución cubana, la forma superior de producción es "la gran empresa colectiva de Estado".
>
> ii) una segunda razón fue el querer tener grandes centros de producción (tipo fábricas de productos agrícolas) en manos del Estado, que permitieran regular el abastecimiento de ciertos alimentos, especialmente el de carnes...
>
> iii) finalmente, una tercera razón que contribuyó, a nuestro parecer, a la concepción y alta prioridad dada a las granjas de pueblo es la que podríamos denominar de justicia redistributiva. En efecto, el Jefe de la Revolución estimaba que aunque las cooperativas eran, en ciertos aspectos, un buen sistema de producción, tenían un defecto fundamental, que consistía en las desiguales oportunidades que ofrecían a los miembros de las mismas dadas sus distintas condiciones naturales. [45]

Vemos por tanto: (1) que la Revolución no ha creado un sector de pequeños propietarios independientes, como supuestamente se proponía y (2) que los defensores de la Reforma Agraria Cubana a pesar de estar concientes de este hecho, se han abstenido de enjuiciarlo.

II. 4. Confiscación y Violencia

No es posible abandonar el análisis de los autores citados sin mencionar dos aspectos de justicia social y conmutativa en los cuales su negligencia toma un matiz más serio. En primer lugar, tenemos lo referente a la indemnización de los propietarios expropiados. Tanto Chonchol como Bianchi se limitan a referirse a los artículos pertinentes de la Ley:

> Indemnización de los propietarios afectados. El Artículo 29 de la Ley reconoce el Derecho constitucional de los propietarios afectados a percibir una indemnización por los bienes expropiados. [46]

> Finalmente, el Artículo 31 establece que "la indemnización será pagada en bonos redimibles. A tales fines se hará una emisión de bonos de la República de Cuba en la cuantía, términos y condiciones que oportunamente se fijen. Los bonos se denominarán 'Bonos de la Reforma Agraria' y serán considerados valores públicos. La emisión o emisiones se harán por un término de veinte años, con interés anual no mayor del cuatro y medio por ciento. Para abonar el pago de intereses, amortización y gastos de la emisión, se incluirá cada año en el Presupuesto de la República, la suma que corresponda". [47]

> indemnification would be paid in 20 year bonds bearing an annual interest rate not higher than 4.5 per cent, with payments bases on the assessed value of the property as determined for tax purposes. [48]

Si los mencionados autores no hubiesen hecho referencia a estos acápites de la Ley, sería excusable el que ignorasen el hecho de general conocimiento, probado indirectamente en el articulado de la Segunda Ley de Reforma Agraria, de que el Gobierno Cubano no ha entregado bono alguno por concepto de indemnización, más aún, que tales bonos jamás han sido impresos.

Más evidente aún son las declaraciones de Fidel Castro afirmando:

> Cuando hicimos la Reforma Agraria, nuestra ley fue deficiente, pues no contempló el caso de familias modestas que vivían de la renta de la tierra. En ese sentido la Ley Agraria no fue una ley justa ni tan perfecta... Se ha dado el caso de familias que al aplicarse la Ley de Reforma Agraria se han quedado en la calle y sin llavín, sin recibir lo indispensable de que vivían. [49]

Si se hubiese efectuado la indemnización y hubiese sido justa, o séase con valor equivalente a la propiedad expropiada, los antiguos dueños hubieran seguido recibiendo los ingresos necesarios para su subsistencia, no en forma de renta de la tierra sino como de interés de los Bonos Agrícolas, no se habrían quedado, según las palabras del mismo Fidel Castro, "en la calle y sin llavín, sin recibir lo indispensable de que vivían".

Por último el Sr. Chonchol, que participara en el proceso de las confiscaciones, tal vez para calmar su conciencia afirma:

> Cabe señalar, por último, que todo proceso de toma de la tierra se hizo en un ambiente de extraordinaria tranquilidad y sin que se produjeran violencias mayores. [50]

Es de todos conocido que la oposición a cualquiera de las medidas de la Revolución, aún más, la no colaboración activa con las mismas, conllevaba en Cuba, al igual que hoy, la acusación de enemigo de la Revolución, de ahí que la aplicación de la Ley se hiciese en realidad bajo el signo de la violencia potencial, por cuanto existía siempre la posibilidad de esta acusación y las consecuencias de lo que ella significaba. Al Sr. Chonchol pues, contesta el propio Fidel Castro:

> No negamos eso, que para los enemigos del pueblo no hay derecho, para los enemigos del pueblo no hay seguridad, para los enemigos de la Revolución no puede haber felicidad en medio de la Revolución. [51]

CAPITULO III

Analizados los tres fines de carácter social que decía proponerse el Gobierno Cubano, es evidente que ninguno de ellos ha sido realizado y por tanto es posible evaluar los resultados económicos de la Ley de Reforma Agraria sin introducir un factor de reducción por el costo económico de la política social agraria. El análisis puede pues proceder en fundamento estrictamente económico dado que, según confesión del Gobierno de Cuba y reconocimiento de los apologistas de la Reforma Agraria Cubana, el fin principal fue el establecimiento de estructuras de mayor rendimiento.

III. 1. *Diversificación*

Uno de los motivos esenciales en que se justificó la Reforma Agraria era la supuesta necesidad de alejar a Cuba del monocultivo. En ningún momento se había demostrado el costo comparativo de la diversificación vs la especialización, pero tradicionalmente se insistía en la necesidad de acabar con el monocultivo. No interesa en esta oportunidad demostrar si la especialización en el azúcar era económicamente beneficiosa o no. Tampoco es necesario determinar si el diversificar implicaba la reducción absoluta de los productos tradicionales, por existir escasez de recursos que habrían de ser relocalizados, o si tan sólo se hubiese requerido dedicar recursos marginales a otros cultivos disminuyendo la proporción relativa que el azúcar, el café y el tabaco tenían en la producción agrícola nacional. Lo que pretendemos establecer es que de acuerdo con la Ley de Reforma Agraria y sus apologistas, la diversificación agrícola era factor esencial para el desarrollo económico de Cuba. La Ley de Reforma Agraria establece en el primero de sus por cuanto:

> POR CUANTO: El progreso de Cuba entraña, tanto el crecimiento y diversificación de la industria . . . como la eliminación de la dependencia del monocultivo agrícola. [52]

De la misma forma, el artículo de Chonchol, concurriendo con lo anterior afirma:

> Lo que acaba de decirse sobre el monocultivo del arroz es digno de ser tomado muy en cuenta porque la monoproducción ha sido una de las características más salientes de la agricultura cubana hasta el momento de la Reforma Agraria. [53]

e insiste en la posibilidad de diversificación por la vía de sustitución de importaciones afirmando que:

> Bastan estas solas cifras de valor de importación de algunos de los principales alimentos, a las que se pueden agregar las de algodón y yute (sustituible este último por kenaff y ramié) para mostrar las amplias posibilidades de mercado interno que tenía la agricultura cubana si hubiera habido como propósito hacer un uso más efectivo de sus recursos. [54]

En el análisis de Bianchi también se pueden leer la aceptación de la necesidad de esta política. El estudio de la Comisión Económica para la América Latina (CEPAL) lo establece como la política del presente gobierno cuando dice:

> En cuanto a la pauta de desarrollo económico cubano, la política económica actual persigue tres objetivos principales: a) la expansión del volumen de las exportaciones; b) la diversificación de la agricultura y el fomento de la ganadería y c) la industrialización. [55]

Por último, el propio Fidel Castro se ha expresado en este sentido en varias ocasiones:

Hemos decidido que no se gaste dinero sembrando caña, sino que, en vez de esto, se gaste diversificando los cultivos. [56]

No podemos permitir que se llegue a la situación que tenemos, 162 centrales azucareros para producir una cantidad de azúcar que podrían producir 50 ó 60. ¡Cuánto mejor sería que ese capital estuviera distribuido en otra forma! ¡Cuánto mejor sería que ese capital se hubiera invertido en maquinaria para producir otras cosas que se necesitan, que no son azúcar, y que no se están produciendo en Cuba! [57]

Lo peor de la agricultura es el monocultivo. [58]

¿Cuál es la actitud presente del Gobierno Cubano con respecto a este problema? ¿Se ha diversificado realmente la Economía Cubana? ¿Sigue el Gobierno Cubano empeñado en terminar con la dependencia del azúcar? Veamos lo que dice el propio Fidel Castro a este respecto:

Ya es una cuestión sin género ninguno de dudas de que en el azúcar está la base de nuestra economía, de nuestro desarrollo. [59]

Tenemos, por ejemplo, en ingenios, una gran capacidad instalada. Que no está toda usada, ciento por ciento... Podemos, debemos utilizar toda esa capacidad instalada, y que el azúcar nos sirva de base a nosotros para el desarrollo de nuestra economía. Y será la base a nosotros para el desarrollo de nuestra economía. Y será la base de esta década. Y lo será también durante la próxima década. [60] Nosotros, en condiciones de competencia con cualquier país capitalista, podemos producir azúcar más barata que ellos. Nosotros, en condiciones de competencia con cualquier país capitalista, lo podemos arruinar produciendo azúcar. No hay país en el mundo que tenga las condiciones naturales que Cuba para producir azúcar. [61]

Ante afirmaciones tan claras obvia cualquier aclaración. En fecha más reciente, en enero 27 de 1965, el entonces Presidente del Instituto Nacional de Reforma Agraria (INRA), Carlos Rafael Rodríguez, afirmaba aún con más claridad, e incluso dando justificación económica para ello, la necesidad y la determinación de ir a la especialización:

> ... debemos preferir — como hemos preferido — exportar azúcar, con el resultado de la exportación comprar arroz, porque nos resulta comparativamente más barato. Y cuando sabemos que con el maíz sucede algo similar, es lógico que dejemos sembrar maíz, para sembrar caña. [62]

y como en el mismo informe dijera: "que toda la agricultura es un gran plan Fidel",[63] habremos de aceptar esto también como la política oficial del Gobierno hacia la especialización, y por lo tanto, la contravención de uno de los supuestos esenciales en que se había basado su política agraria originalmente.

Las fechas de algunas de las declaraciones oficiales anteriormente citadas servirían para acusar a muchos de los apologistas de la política agraria del Gobierno Cubano, de negligencia en su investigación. Más grave aún es, no obstante, probar que los mencionados autores parecen estar en conocimiento del cambio de política y sin embargo ignoran señalarlo y enjuiciarlo.

En primer lugar, tenemos la información ofrecida por el Sr. Chonchol:

Estimación del valor total de la producción agropecuaria en 1958 y de sus principales componentes. [64]

Producción Agrícola	Millones de Pesos	% Sobre Total Agropecuario
Caña de azúcar	266.8	36.5
Arroz	45.5	6.2
Café	32.3	4.4
Tabaco	42.5	6.2
Resto de la producción agrícola	104.0	14.2
Total producción agrícola	493.8	67.5

Se desprende que la proporción de la producción cañera en la producción total agropecuaria era sólo del 36.5 por ciento y los cuatro productos principales alcanzaban tan sólo el 53.3 por ciento. La afirmación de monocultivo tiene que estar basada, pues, en un criterio comparativo que el autor no nos ofrece. En 1958, tan solo el 23 por ciento del Ingreso Nacional de Cuba estaba generado por el sector azucarero, incluyendo en el mismo, tanto la actividad agrícola como la industrial.

El Sr. Bianchi hace también referencia específica al cambio de política agrícola:

> Finally, a sharp reversal ocurred in the relative emphasis placed on agricultural diversification in the short-run, and in an effort to raise sugar production and thus to expand exports, INRA decided to replant more than 200,000 hectares of cane in 1962. [65]

De la información ofrecida por la CEPAL, también se confirma esta nueva orientación de la política económica oficial que implica no sólo la especialización sino además la concentración en el comercio exterior. Así tenemos que en 1958 el 66.8 por ciento del valor de las exportaciones de Cuba, se dirigían a Estados Unidos, mientras que en 1962 el 82 por ciento lo hacían los países socialistas, [66] cifra que alcanzó el 89% en 1964. [67] En cuanto a las importaciones, en 1958, el 69.8 por ciento procedía de los Estados Unidos, mientras que en 1962, el 84.6 por ciento procedió de los países socialistas. La incidencia del azúcar en las exportaciones ha pasado del 77 por ciento en 1958, de acuerdo con las cifras ofrecidas por Chonchol, [68] a 88.9 por ciento según los datos de la CEPAL para 1963. [69] Debemos hacer notar que este incremento en la incidencia del azúcar en las exportaciones se obtiene a pesar de que en 1963 la producción azucarera fue un 33.5 por ciento menor que en 1958.

Lo anteriormente expuesto permite concluir inequívocamente: (1) que la Reforma Agraria no logró la diversificación de la producción agrícola; (2) que la dependencia de la producción azucarera así como su incidencia en el comercio exterior, ha aumentado notablemente; (3) que el Gobierno Cubano abandonó su política agraria de diversificación en favor de la especialización, y por último (4) que los apologistas de la Reforma Agraria Cubana contaban con suficientes evidencias para alcanzar las mismas conclusiones que aquí hemos propuesto.

Como quiera que las ventajas de la diversificación son relativas como hemos expresado anteriormente, no es objetable que el Gobierno Cubano haya comprendido lo que significa el costo de oportunidad y las ventajas comparativas y cambiase el énfasis en la producción, por tanto, salvo un análisis más profundo, que no es posible hacer en las presentes circunstancias, resulta inapropiado calificar de error o acierto el cambio de política agraria. Simplemente nos limitamos a recoger el hecho de que el fin original de terminar con el monocultivo ha sido abandonado.

Toda la flexibilidad de medidas que hemos constatado en la política del Gobierno Cubano permite enjuiciar los resultados de la producción bajo la Ley de Reforma Agraria en términos absolutos, ya que la actividad no ha sido orientada más que a la maximización de la producción, sujeta a socialización acelerada del agro cubano. Los frutos obtenidos pueden ser atribuidos plenamente al Gobierno y no a factores exógenos. Al enjuiciar los logros de la comunización del sector agrícola cubano, el veredicto caerá por entero en la nueva estructura del mismo.

III. 2. *Aumento de la Producción*

El gran pilar económico de la Ley de Reforma Agraria era el aumento de la producción. A este efecto el tercer por cuanto de la citada Ley decía:

> POR CUANTO: En todos los estudios realizados con el fin de promover el desarrollo económico . . . se ha hecho resaltar . . . la importancia de llevar a la práctica una Reforma Agraria dirigida, en lo económico, a dos metas principales: a) facilitar el surgimiento y extensión de nuevos cultivos; . . . b) elevar a la vez la capacidad de con-

sumo de la población mediante el aumento progresivo del nivel de vida de los habitantes de las zonas rurales. [70]

El Sr. Chocnhol también insiste sin reserva en ello, no sólo como justificación de la Reforma Agraria, sino en que ésta:

> ... tuvo éxito en sus primeros años de vida (junio del 59 a fines del 61) al lograr mantener y aún incrementar en varios rubros importantes la producción agrícola del país, a pesar del aceleradísimo proceso de redistribución de la tierra que simultáneamente estaba teniendo lugar. [71]

Este aumento de la producción es supuestamente atribuido a la actitud del Gobierno Cubano y confirmada por haber incrementado los factores de la producción dedicados a la agricultura y que anteriormente no se utilizaban.

> ... el hecho de disponer de tierras de buena calidad (tomadas por la Reforma) que normalmente estaban muy subutilizadas, de contar con trabajadores subempleados y con gran deseo de mejorar su ocupación y su ingreso, de disponer de una cantidad considerable de recursos monetarios (no había problemas de pago inmediato de tierras y los gastos de la Reforma Agraria tenían primera prioridad en el presupuesto de gastos del Estado), y de contar con divisas suficientes para importar equipo agrícola y otros insumos necesarios (semillas, fertilizantes, pesticidas), hizo que desde un comienzo la producción agrícola se mantuviera en muchos de sus rubros y aumentara considerablemente en otros, a pesar de los rápidos cambios que estaban teniendo lugar en la tenencia de la tierra y en la estructura de las empresas agrícolas. [72]

Basado en esto se pronostica, con euforia tal vez prematura, que:

> En esta doble circunstancia, se están dando en Cuba, a nuestro parecer, las condiciones básicas de mercado y de disponibilidades de recursos reales para un muy rápido

desarrollo de su agricultura, a una tasa de crecimiento tal vez no vista en los últimos años en ningún país latinoamericano. [73]

Igualmente el artículo de Bianchi concurre con la opinión de Chonchol y así leemos:

> Table 4 shows the physical output of sugar for the period 1957-61. Two factors are immediately obvious. The first is the maintenance of production during the first two years following the Revolution: the second, is the big increase in 1961.
>
> As noted, the rise in 1959 cannot be attributed to the Agrarian Reform . . . That harvest does provide, however, at least partial evidence of the ability of the new government to avoid major disruptions in the cane fields during the period immediately following the collapse of the Batista Regime. [74]
>
> The output of crops which together represent somewhat over one-fourth of the total value of crop production in Cuba is shown in Table 5. The figures reveal an unmistakable upward trend. Only for coffee was output in early 1961 below the level of 1957-58, and this fall was largely attributable to the almost perfect two-year cycle observable in recent Cuban coffee production.
>
> Even for coffee, however, production in 1961 was only 4.2 per cent below the average level of the years 1957-58, and 1960 had marked the historical peak. [75]
>
> In the light of this analysis, it is difficult not to conclude that the first phase of the Cuban Agrarian Reform was characterized by rather remarkable achievements. [76]

Igualmente el informe de la CEPAL nos dice:

> Cabe señalar, sin embargo, que una parte de ese descenso se contrarrestó en 1962 y 1963 y que el volumen produ-

cido de alimentos para el mercado interno alcanzó en el período 1958-63 una tasa de crecimiento de 4.6 por ciento anual frente a 1.9 por ciento del incremento demográfico.[77]

Y las promesas de Castro en 1959 eran, aún más fantásticas:

> Nosotros hemos dicho que convertiremos a Cuba en el país más próspero de América Latina, hemos dicho que el pueblo de Cuba alcanzará el nivel de vida más alto que ningún país del mundo. [78]

¿Cuál es la realidad? En el Cuadro No. 3 ofrecemos las estadísticas de producción para los 10 cultivos que según los autores mencionados constituyen más del 80 por ciento de la producción agrícola de Cuba. En el Cuadro No. 4 ofrecemos la misma información pero en forma relativa, tomando las cifras de Chonchol, Bianchi y la CEPAL en comparación con la información oficial. El lector podrá apreciar cómo los tres autores mencionados tienden a tomar para el año 1957 cifras más bajas que las oficiales y para los años sub-siguientes cifras más altas, con lo cual, al disminuir el año base y aumentar los años posteriores en valor absoluto, han logrado alterar el valor de la tendencia real, no solo aumentándola, sino además cambiar su signo de negativo a positivo.

CUADRO No. 3
Volúmenes Anuales de Producción Agrícola en Cuba, 1957-1966
(Miles de Toneladas Métricas)

	AZUCAR	TABACO	ARROZ	CAFE	PAPAS	TOMATE	ALGODON	MANI	HENEQUEN
Información Oficial (1)									
1957	5672 a/	52.4 a/	294 g/	50.0 g/	104 l/	110.0 f/		15.0 g/	10.0 g/
1958	5784 a/	52.8 a/	253. a/	48.0 a/	104 l/			9.0 l/	
1959	5964 a/	41.1 a/	326 a/	55.1 l/	118 l/			5.0 l/	8.5 l/
1960	5862 a/	52.2 a/	323 a/	41.5 m/	104 l/	87.0 p/	13.6 p/	9.0 l/	12.8 s/
1961	6767 a/	47.2 a/	370 a/	48.0 a/	86 p/	108.0 p/	12.6 p/	10.1 l/	10.8 s/
1962	4880		212	41.5 m/	90 p/	94.0 p/		2.2 s/	9.1 s/
1963	3883 c/	32.0 e/	113 l/	15.3 n/	72.5 q/	93.4 r/		3.4 r/	
1964	4590 d/	28.0 f/	140 l/	21.2 o/					
1965	6050 ch/		123 l/	27.2 o/			0 f/		
1966	4455 d/		0 k/						
Jacques Chonchol (2)									
1957	5616.9	41.7	256.8	36.7	94.9				9.4
1958	5727.6	50.6	225.9	43.7	79.3				8.5
1959	5906.3	35.6	282.1	29.5	71.6	89.9	0.05		13.2
1960	5804.9	45.3	304	55.2	97.6	102.4	0.8		11.1
1961	6683.7	57.6	375.7	38.5	101.4	129.9	5.5		
1962									
1963									
Andrés Bianchi (3)									
1957	5673.3	41.7	256.8	36.7	94.9			4.2	11.1
1958	5784.5	50.6	225.9	43.7	79.3			2.5	9.1
1959	6961.6	35.6	282.1	29.5	71.6	89.9	0.05	2.4	8.5
1960	5804.9	45.3	304	55.2	97.6	102.4	0.8	5.3	13.2
1961	6869.7	52.3	230	8.5	101.4	129.9	5.5	8.0	11.1
1962									

	CEPAL (4)					
1957	5672	41.7	167.3	94.3	43.9		
1958		50.6	207.1	70.6	55.2	0.2	5.0	9.4
1959		35.6	282.8	82.9	65.0	4.3	3.8	8.5
1960	5862	45.3	306.5	101.2	116.3	21.7	4.7	13.2
1961	6740	57.6	212.8	89.6	109.2	14.1	25.2	11.1
1962	4815	53.4	229.9	100.2	140.4	10.8	10.1	8.8
1963	3824	48.3	184.7	85.7	93.4	10.6	13.0	
							3.4	

(1) Recopilación de Fuentes Oficiales del Gobierno Cubano.
(2) Jacques Chonchol, Análisis Crítico de la Reforma Agraria Cubana, en "El Trimestre Económico", No. 117. Marzo 1963.
(3) Andrés Bianchi, Cuba the Economic and Social Revolution, Edit. Dudley Seers (United States: The University of North Carolina Press, 1964, págs. 115, 136.
(4) Estudio Económico de América Latina, 1963. Naciones Unidas, U.S.A., 1964, p. 276.
a/ Statistical Year Book, 1966, United Nations.
b/ Periódico Hoy, Cuba Comunista, 5 de enero de 1963.
c/ Periódico Hoy, Cuba Comunista, 12 de agosto de 1963.
d/ sugar ear book.
e/ América en Cifras, 1963 No. 1 Vol. III, p. 73.
f/ Carlos Rafael Rodríguez, Periódico Hoy, 29 de enero de 1965.
ch/ Cuba Socialista, enero de 1966
g/ Boletín Económico de América Latina, Vol. VI, Chile, noviembre de 1961.
h/ Fidel Castro - Anuncio racionamiento, marzo 12 de 1962.
i/ Estimado basado en el racionamiento
j/ FAO
k/ Cálculos basados en consumo (36 lbs. pc) - importaciones (135,000TM) = producción.
l/ America en Cifras, 1961, Vol. 2
m/ World Coffee Information Center, 1730 M St., Washington D.C.
n/ Periódico Hoy, 14 de septiembre de 1963
o/ Fidel Castro, 24 de noviembre de 1965
p/ Cuba Socialista, Año III No. 21, mayo de 1963. C. R. Rodríguez.
q/ Fidel Castro, discurso del 28 de septiembre de 1964.
s/ Periódico El Mundo, Cuba Comunista, 6 de junio de 1963, p. 5 Rafael Francia Mestre
r/ Estudio Económico de América Latina, 1963 p. 276.

CUADRO No. 4
Comparación de la Producción Agrícola Reportada
(Base: Información Oficial - 100.0)

	AZUCAR	TABACO	ARROZ	CAFE	PAPAS	TOMATE	ALGODON	MANI	HENEQUEN
JACQUES CHONCHOL									
1957	99.0	79.6	87.3	73.4	91.2				
1958	99.0	95.8	89.3		76.2				
1959	99.0	86.6	86.5	53.5	60.7		58.8		100.0
1960	99.0	86.8	94.1	133.0	93.8	117.7	43.6		103.1
1961	98.8	122.0	101.5		139.9	120.3			102.8
1962									
1963									
ANDRES BIANCHI									
1957	100.0	79.6	87.3	73.4	91.2			28.0	112.0
1958	100.0	95.8	89.3		76.2			27.8	
1959	100.0	86.6	86.5	53.5	60.7		58.8	48.0	100.0
1960	99.0	86.8	94.1	133.0	93.8	117.7	43.6	58.9	103.1
1961	101.5	110.8	62.2		117.9	120.3		79.2	102.8
1962				140.0	103.5				
1963									
CEPAL									
1957	100.0	79.6	56.9	73.2	90.7	39.9		33.3	
1958		95.8	81.9		67.9			42.2	
1959		86.6	86.8	100.0	70.2			94.0	
1960	100.0	86.8	94.9	89.2	97.3	133.7	159.6	280.0	100.0
1961	99.6	122.0	57.5		104.2	101.1	111.9	100.0	103.1
1962	98.7		108.4	132.5	111.3	149.4		590.9	102.8
1963	98.2	150.0	163.4	230.1	118.2	100.0		100.0	96.7

FUENTE: Cuadro No. 3

III. 3. *Grado de Distorsión*

Si observamos el Cuadro No. 5, tenemos las distintas líneas de regresión que pueden ser ajustadas a las 4 fuentes de información que se utilizan en el Cuadro No. 3. El propósito de estos ajustes no es el de realizar proyecciones o interpolaciones, sino más bien el de buscar en un índice único que nos permita comparar la distorsión de la información ofrecida por la CEPAL y los señores Bianchi y Chonchol, en relación con la información oficial. Siendo esto así, el que el ajuste de las líneas de regresión no sea perfecto, y en algunos casos el coeficiente de regresión no sea estadísticamente significativo, no es óbice para utilizar la pendiente como medio de comparar el grado de distorsión entre las fuentes mencionadas. Otra forma de calcular las pendientes pertinentes hubiese sido tomar sólo el último año de la serie pero con ello resaltaría aún más la distorsión de los autores citados y por lo tanto hemos preferido calcular la tendencia mediante Mínimos Cuadrados.

El Cuadro No. 6 presenta la pendiente y el intersecto de cada una de las tendencias que, multiplicadas por el peso correspondiente que tenía la producción de cada rubro en 1953, de acuerdo con los estimados *ad valórem* del Profesor Oshima, [79] permite adscribir una tendencia general a los 10 rubros, y estimar los grados de distorsiones de acuerdo con el siguiente procedimiento: Distorsión del intersecto (a) = % en que el intersecto de la información no oficial excede al intersecto oficial.

$$(1) \quad Da = \frac{\Sigma\, a_i}{\Sigma\, a_o} \times 100$$

CUADRO No. 5
Distorsión de la Información

PRODUCTO	PESO	OFICIAL		J. CHONCHOL		A. BIANCHI		CEPAL	
		a INTER-SECTO	b TEN-DENCIA	a INTER-SECTO	b TEN-DENCIA	a INTER-SECTO	b TEN-DENCIA	a INTER-SECTO	b TEN-DENCIA
Azúcar	49.39	5,546.6	- 227.57	5,948.0	221.10	6,218.8	241.50	5,523.0	- 239.6
Tabaco	9.25	45.31	- 2.92	46.16	2.65	46.40	2.02	47.50	1.69
Arroz	6.53	270.1	- 20.75	289.0	31.6	259.8	2.4	227.3	1.07
Café	6.99	42.48	- 4.99	40.72	1.51	43.62	3.34	42.34	1.26
Papas	2.07	96.9	- 5.57	89.0	3.1	84.4	-.18	89.3	1.46
Tomate	0.98	97.42	- 1.43	107.3	20.00	107.3	20.00	88.8	12.89
Maní	0.33	7.6	+ 1.55	-	-	4.5	1.04	9.31	.68
Henequen	0.35	10.1	+ .12	10.6	.98	10.6	.41	10.2	.14
Peso	75.89								
Variable x Peso		276,728	-11,450	296,662	11,189	239,749	12,006	275,279	-11.786
Peso		75.89	75.89	75.56	75.56	75.89	75.89	75.89	75.8
Promedio Ponderado		3,646.43	- 150.87	3,926.18	+ 148.08	3,159.16	+ 158.20	3,627.34	- 155.
Producción no Azucarera		2,782	- 210.78	2,890.28	+ 268.87	2,680.46	+ 78.31	2,498.03	46.9
Peso		26.50	26.50	26.17	26.17	26.50	26.50	26.50	26.50
Promedio Ponderado		104.98	7.95	110.44	10.27	101.14	2.95	94.26	1.7
Tendencia Total de la Producción		3,646.43	- 150.46 t	3,926.18	+ 148.08 t	3,159.16	+ 158.20 t	3,627.34	- 155.2
Tendencia Total de Producción No Azucarera		104.98	- 7.95 t	110.44	+ 10.27 t	101.14	+ 2.95 t	94.26	+ 1.7

Distorsion de la tendencia de la producción total — Dbpt.

Distorsión del intersecto de la producción no azucarera = Da pna

Distorsión de la tendencia (b) = % en que la tendencia de la información no oficial haría diferir las cifras de 1963 con el estimado ponderado del mismo año.

$$(2) \quad D = \frac{ai + tbi}{ao + tbo} \times 100$$

Distorsión de la tendencia de la producción total = Dbpt.

Distorsión de la tendencia de la producción no azucarera = Dbpna

Autor	Apt	Apna	bpt	bpna
Información Oficial	3,646.48	104.98	—150.87	— 7.95
J. Chonchol	3,926.18	110.44	148.08	10.27
A. Bianchi	3,159.16	101.44	158.20	2.95
CEPAL	3,627.34	94.26	—155.25	1.77

Autor	Dpat	Dapna	Dbpt	Dbpna
		Por ciento		
J. Chonchol	8	5	37	74
A. Bianchi	—14	—3	13	36
CEPAL	1	—10	—2	23

Estas cifras nos permiten concluir que en la tendencia de la producción total, el grado de discrepancia del Sr. Chonchol y el Sr. Bianchi varían y que en 5 años sus estimados excederán al valor real en 37 por ciento y 31 por ciento respectivamente. En cuanto a la producción no azucarera el grado de exageración favorable es aún mayor. El del Sr. Chonchol es 2 veces el del Sr. Bianchi (74 por ciento y 36 por ciento) y más de 3 veces el de la CEPAL (23 por ciento de la información oficial).

Tendencia General

La tendencia real para las cifras oficiales es negativa y las disminuciones como se observa en los Cuadros 6 y 7 van desde —7.4 por ciento en el algodón (donde la información sólo llega hasta 1961) hasta —77.4 por ciento en el maní y la más significativa de todas, el azúcar con —31.5 por ciento. Ponderando estas tasas de reducción por el peso correspondiente a su valor que tenían en la producción agrícola de 1953 según H. T. Oshima, tenemos que estos 10 productos que representan más del 80 por ciento de la producción agrícola de Cuba en 1958, se habían reducido en un 35 por ciento en 1963, 4 años después de promulgada la Reforma Agraria y 5 del establecimiento del Gobierno Revolucionario.

Según los cálculos de la FAO el descenso de la producción agrícola habría alcanzado el 24 por ciento en 1963 y 28 por ciento en 1964 en relación con 1958. Calculando solamente la producción de alimentos el descenso fue de 25 por ciento en 1962 y 28 por ciento en 1964. Los estimados de producción agrícola por habitante señalan un descenso del 31 por ciento en 1963 y 36 por ciento en 1964. La producción de alimento por habitante descendió aún más pronunciadamente alcanzando la reducción a, 32 por ciento en 1963 y 37 por ciento en 1964 en relación a los niveles de 1958. [80] De acuerdo con la información de la CEPAL el descenso de producción agrícola en 1963 fue de 31 por ciento y 37 por ciento en relación con 1958. Los cálculos de producción agrícola per cápita indicarían una reducción del 38 por ciento en 1963 y 43 por ciento en 1964. [81]

CUADRO No. 6

Variaciones en la Producción Agrícola

PRODUCTO	1957	ULTIMO AÑO		CAMBIO
Azúcar	100	78.5	a/	- 21.5
Tabaco	100	53.4	b/	- 46.6
Arroz	100	0.0	a/	-100.0
Café	100	54.4	c/	- 45.6
Papas	100	69.7	d/	- 30.3
Tomate	100	84.9	d/	- 15.1
Algodón	100 e/	0.0	d/	-100.0
Maní	100	22.7	d/	- 77.3
Henequén	100	91.0	d/	- 9.0

a/ 1966
b/ 1964
c/ 1965
d/ 1963
e/ 1960

Fuente: Cuadro No. 3 Información Oficial

CUADRO No. 7

Variación Anual de la Producción

PRODUCTO	DESCENSO TOTAL %	TASA ANUAL %	PESO a/
Azúcar	- 21.5	- 2.7	49.4
Tabaco	- 46.6	- 8.6	9.2
Arroz	-100.0	-35.0	6.5
Café	- 45.6	- 6.9	7.0
Papas	- 30.3	- 5.8	2.1
Tomate	- 15.1	- 2.6	1.0
Algodón	-100.0	-50.0	0.8
Maní	- 77.3	-22.0	0.3
Henequen	- 9.0	- 1.7	0.4
			$\Sigma = 76.7$

Tasa anual promedio	-7.2
Producto Agrícola 1966/1957	.51

SOURCES:

Cuadro No. 6

a) Por ciento del valor de la producción agrícola en 1953. <u>The National Income and Product of Cuba in 1953</u>. Harry T. Oshima, Food Research Institute, Vol. II, No. 3, Nov. 1961. Stanford University, p. 218, 219.

III. 5. *Estimaciones del Nivel Potencial de Producción*

La comparación con el año 1958 es, no obstante, improcedente, por cuanto esto haría suponer que la economía cubana se habría mantenido estática durante los cinco años subsiguientes. Lo que cabe es comparar con el incremento de la producción que se habría obtenido de haberse continuado con la misma función de producción que se tenía hasta 1958. Esto puede lograrse de dos maneras: (1) estableciendo la tendencia 1950-1958 y extrapolarla hasta 1966; (2) reconociendo que la producción agrícola es resultado de los factores destinados a la misma y por tanto afirmar que su crecimiento debe ser, al menos, igual al promedio compensado del crecimiento de los factores. El segundo método es preferible por cuanto aceptaría cambios en la estrategia productiva del país.

Buscamos, pues, un índice único de las tasas de crecimiento de los factores de la producción para ser utilizados como medida de los insumos. Este método de ponderar los distintos factores puede ser proporcionado en primera aproximación por la simple función Cobb-Douglas, $P = bT^i L^k C^j$, donde P es igual al índice del valor añadido de la producción agrícola, b es un término que habrá de ser definido, T es un índice de la tierra en cultivo, L de la mano de obra utilizada, expresado en número de personas empleadas, y C es un índice del acervo de capital y en donde i j y k son las correspondientes elasticidades producto-factor cuya suma es igual a uno. Tomando logaritmos, diferenciando con respecto al tiempo y asumiendo que i, k y j son constantes encontramos:

$$(1) \quad \frac{\Delta P}{P} = \frac{\Delta b}{b} + i\frac{\Delta T}{T} + k\frac{\Delta L}{L} + j\frac{\Delta C}{C}$$

La ecuación 1 señala que la tasa de crecimiento del producto ($\Delta P/P$) será igual a la suma compensada de las tasas de crecimiento del factor tierra ($i\Delta T/T$) trabajo ($k\Delta L/L$) y capital ($j\Delta C/C$) más la tasa de crecimiento de b que se puede considerar como un término residual que recoge no sólo los aumentos generales en la productividad sino también las mejoras cualitativas en los factores tierra, trabajo y capital que no han sido reflejadas en los índices utilizados. Si fuera posible imputar los cambios cualitativos a cada uno de los factores de la producción Δ b/b variaría correspondientemente.

III. 5. 1. *Aumento en los Factores Productivos*

El aumento de los factores de producción es aceptado por el Sr. Chonchol, atribuyendo a ellos parte del éxito del proceso. Así nos dice:

> Las razones de este éxito ya fueron destacadas anteriormente . . . la gran cantidad de recursos monetarios asignados de inmediato al proceso productivo agrícola (no había fondos al pago de las tierras), la posibilidad de utilizar rápidamente fuerzas productivas (tierra, trabajo y equipo) que estaban subutilizadas, la disponibilidad general de buenos medios de comunicación y de transporte entre las zonas de producción y los mercados internos y el mantenimiento de empresas que en su organización física no eran abruptamente diferentes de las que existían con anterioridad. [82]

De igual manera el Sr. Bianchi concurre al expresar que:

> On the first anniversary of the Agrarian Reform Law, in May 1960, INRA claimed that the Zones of Agricultural Development had added to the area under crops over 175,000 hectares of land formerly idle or covered by marabú. Although this amount fell short of the planned target by 24 per cent, it represented an increase of over 20 per cent of the land devoted to crops other than cane in 1945 . . . The widening of the extensive margin of cultivation was accompanied by a rise in rural employment. The latter was estimated by the Ministry of Labor to have averaged about 600,000 in 1958 and over 800,000 two years later . . . In contrast, the area devoted to the traditional crops — sugar, coffee, and tobacco — varied little. [83]

La información ofrecida por el Gobierno Cubano a la CEPAL también confirma que se ha seguido una política de expansión de la producción agrícola.

De esta manera se han llevado a cabo obras que han elevado la capacidad productiva de la agricultura, ampliando apreciablemente la superficie cultivable y las instalaciones de infraestructura. [84]

Por lo que toda la ocupación de la fuerza de trabajo, y de acuerdo con datos preliminares, en el conjunto de la economía se registró un aumento que fluctúa entre el 20 y el 25 por ciento en el período que va de 1956-57 a 1963, absorbiéndose en gran medida (alrededor de un 50 por ciento) los excedentes de mano de obra desempleada o subempleada que existían con anterioridad. [85]

¿Cuál ha sido en términos cuantitativos el aumento de los factores? Poca dificultad existe en estimar el aumento del factor tierra y el factor trabajo, no así con el factor capital. En el Cuadro No. 11 recogemos algunas de las *proxi-variables* que en relación con el capital destinado a la agricultura ofrece la información oficial. Pero como quiera que estos estimados darían resultados demasiados favorables al actual Gobierno Cubano y su representatividad del incremento del factor capital es algo tenue, hemos preferido calcular la tasa de incremento del capital destinado a la agricultura basada en la información que se ofrece en el Cuadro No. 8 y de acuerdo con el método que se explica a continuación.

III. 5. 2. *Aumento del Capital Dedicado a la Agricultura*

Si se acepta que el capital (K) tiene una relación (c) con el producto (Y), conociendo el valor de éstos para un año, podemos escribir $K = cY$ donde c = razón capital-producto. Conociendo la tasa de depreciación y la inversión bruta de cada año, podemos estimar que el capital disponible en el año (n) es:

$$(2)\ K_n = K_o\,[1 - d(n-1)] + \sum_{t=0}^{t=n} 1 - d(n-t)\,I_t$$

n = último año de la serie
t = cualquier año de la serie
K = capital disponible
It = Inversión bruta en el año
d = tasa de depreciación

CUADRO No. 8

Variación del Capital en la Agricultura
(Millones de US$)

AÑO	PNB (1)	PRODUCTO AGRICOLA BRUTO (2)	% 2/1 (3)	INVERSION BRUTA TOTAL (4)	INVERSION BRUTA EN AGRI- CULTURA (5)	% 4/1 (6)	% 5/4 (7)
1953	2.131	496	29,2	240		11,3	
1954	2.171	517	30,2	269		12,4	
1955	2.269			311		16,4	
1956	2.478			469		18,9	
1957	2.836			506		17,8	
1958	2.629			461		17,5	
1959							
1960							
1961	2.732	730,5		489	82	17,9	16,8
1962	2.993	700,8		534	127	17,8	23,9
1963	3.244	683,0		581	149	17,9	25,6

FUENTE: 1953 a 1958: Felipe Pazos, "Resquebrajamiento de la Economía Cubana". Suplemento de "Cuadernos" No. 47, marzo-abril de 1961, París, Francia, pág. 58.

1958-1963: Estudios Económicos de América Latina, Santiago, Chile, 1964, págs. 286-295.

1/ - Promedio de 1958 y 1960

Utilizando para Cuba coeficientes similares a los de Venezuela en el mismo período c = 2.0 y d = 5.0 por ciento y sustituyendo los valores del Cuadro No. 10, en la ecuación anterior, podemos estimar la tasa de crecimiento del capital de 1953 a 1958. Como es evidente, esta será la tasa de incremento del capital para toda la economía, y aunque con ciertas reservas, podemos aceptar que era la misma para el sector industrial y el agrícola. Al aceptar que esta tasa era igual en ambos sectores, estamos disminuyendo la parte proporcional que es atribuíble al incremento total de productividad de los factores. Dado que se usará el estimado de productividad general en 1953-1958 para estimar el incremento de los factores en la época actual, este supuesto favorece la tesis del Gobierno Cubano: de que la Reforma Agraria ha sido un éxito.

Con un método similar al anterior podemos calcular los aumentos de capital 1961-1963, pero en este caso, como se trata tan sólo de cifras agrícolas, se utilizaron los valores de c y d que corresponden a este sector en Venezuela, siendo la razón capital producto, de 3.0 y una mayor longevidad de las estructuras y los equipos dedicados a la agricultura, da una tasa de depreciación d = 3.0 por ciento. Con la información del Cuadro No. 8, podemos estimar la tasa de crecimiento del capital en el período 1961-1963.

III. 5. 3. *Aumento en la Productividad de los Factores*

Siempre que se ha analizado el comportamiento del Producto Bruto de cualquier economía se ha comprobado que el incremento cuantitativo de los factores de la producción no puede justificar plenamente la tasa de incremento del Producto, de ahí que se considere un elemento adicional que se ha dado en llamar "el residuo" y que se supone recoge entre otros factors el aumento total en la productividad.

En el caso de Cuba, no es posible ajustar el incremento de la fuerza laboral, la tierra y el capital, a fin de justificar sus aumentos cualitativos, de ahí que el incremento total de productividad de los factores, el residuo, aparezca algo mayor de lo que lo es en estudios más refinados, como el de Edward F. Dennison para la economía americana.

La información del Cuadro 9 facilita determinar, mediante la ecuación 1, que la tasa anual de 7,4 por ciento de incremento en el Ingreso Nacional de 1953 a 1957, solamente 2,1 por ciento puede ser justificado por el incremento de los factores y 5,3 por ciento quedaría como incremento total de productividad, cifra que será usada para los estimados de la época 1958-1963. El avance tecnológico es de tal naturaleza que de hecho para la época 1958-1963, el incremento total de productividad debe ser más de 5,3 por ciento. Por lo tanto, al usar este último estimado estamos en cierta manera reduciendo el potencial de crecimiento del sector agrario, haciendo pues que cualquier disminución efectiva de la producción parezca menos desfavorable.

III. 5. 4. Aumento Potencial de la Producción

Las cifras del Cuadro 10 nos permiten ver que en el sector agrícola, durante el período bajo estudio, la tasa de crecimiento del factor trabajo ha sido 2,9%, la de la tierra 3,5% y la del capital 4,8%. Si se acepta que las proporciones en el ingreso nacional de los factores tierra, trabajo y capital corresponden a las elasticidades factor producto, podemos sustituir en la ecuación 1 y observar que, en virtud del aumento de los factores de la producción, la tasa anual de crecimiento del producto agrícola que se justificaba era del 8.8%.

III. 6. 5. Descenso Real de la Producción

Información dada en los Cuadros 7 y 10 permite observar la tendencia divergente entre el incremento de los factores de la producción, esto es, el potencial de crecimiento de sector agrícola a 214% de 1957, y el descenso en la producción obtenida al 51% del mismo año. La relación entre ambas tendencias es la penalidad real (51/214 = .24) que la socialización de la economía ha impuesto al sector agrícola; esto indica que el descenso real de la producción agrícola en 1966 alcanzaba el 76%, o sea que el nivel en 1966 fue de solamente el 24% del potencial que pudo haber sido obtenido. Esto es, debido a los aumentos en los factores de la producción, y que en una economía socializada es prueba irrefutable de que la política del Gobierno iba dirigida a un aumento de la producción agrícola, Cuba podía haber cuadruplicado el nivel de producción agrícola que alcanzó en 1966, tal como puede verse en el Cuadro 12.

CUADRO No. 9

Variación en los Factores de la Producción

	1953	1957	1957/ 1953	Tasa Anual	Peso f/	Tasa x Peso
PIB a/	2.131	2.836	133,1	7,4		
Trabajo	709	770 c/	108,6	2,1	0,6493	1,36
Tierra d/	9.077	9.077	100,0	0,0	0,0854	0,0
Capital e/	4.262	4.759	41.7	2.8	0,2653	0.74

Total del aumento de factores   1,36 + 0,74 = 2.1

Total del aumento potencial de productividad 7.4 − 2.1 = 5.3

a/   Cuadro IV, millones de US$.
b/   José Alvarez Díaz, "Estudio sobre Cuba", Universidad de Miami, Miami 1963, págs. 806 y 814. Miles de personas.
c/   CEPAL, Op. Cit., pág. 272. Miles de personas.
d/   Cuadro II, miles de hectáreas.
e/   Cuadro IV y ecuación 2.
f/   Peso = Participación del factor en el Ingreso Nacional. Informe del Ministerio de Hacienda Revolucionario, La Habana, Cuba, 1959, pág. 66.

CUADRO No. 10

Cambios en los Factores de Producción Agrícola
(1958-1963)

Sector	1958	1961	1963	% Tasa Anual	Peso a/	Aumentos Ponderados
Trabajo	.770		890 b/	2.9	0,6493	1,88
Tierra	9.077 c/	10.070 b/		3.5	0,0854	0,30
Capital d/		2,190	2.407	4.8	0,2653	1,27

Incremento de los factores   1.88 + 0.30 + 1.27 = 3.45

* aumento de productividad   5.30

= Incremento potencial anual =   8.8

a/   Peso =   Ingreso del factor como % de participación en el Ingreso Nacional. Informe del Ministerio de Hacienda del Gobierno Revolucionario. Habana, 1959, pág. 66.

b/   OMPAL, La Economía Cubana, Estudio Económico de América Latina 1963, Naciones Unidas, U.S.A., 1964, pág. 272.

c/   Cuadro II.

d/   Cuadro III y ecuación 2.

CUADRO No. 11
Variación en los Factores Dedicados a la Agricultura

FACTOR	1958	1960	1961	1962	1963	INCREMENTO ANUAL 1958 - 1963	PESO a/	INCREMENTO COMPENSADO
Trabajo (000 Obrero)	770.8 b/ 598. c/ 600 d/			915 c/	890 b/	2.9 11.2 15.4	64.93	1.88 7.27 9.99
Tierra (000 Hectáreas)	9,077 e/		10,070 e/			3.5	8.54	0.30
Capital								
Equipos Importaciones	$ 16.8 f/	35.0 f/	81.0 f/					
Fertilizantes (miles de tons.)	265.6 g/	300 g/	405.3 g/	519 g/	422 g/	12.7		3.37
Inversión	$ 82 h/				149 h/	4.5		1.19
Capital total	$ 10,416 i/				12,976 i/	4.8	26.53	1.27
Capital agrícola			2,190 i/		2,407			

Posibles incrementos totales 1.88 + 0.30 + 1.51 = 3.69
Incremento de productividad j/ 3.69 + 5.38 = 9.07

FUENTES:
a. % de la retribución al factor según estimación del ingreso nacional, publicado en Informe del Ministerio de Hacienda del Gobierno Revolucionario Habana 1959, págs. 66-67.
b. CEPAL, op. cit., p. 272
c. Seers, op. cit., p. 21, 38
d. Bianchi op. cit. p. 117
e. Cuadro No. 2
f. Seers op. cit. p. 118
g. CEPAL op. cit. p 286
h. Ibid p. 286
i. Cuadro No. 9
j. Cuadro No. 10

CUADRO No. 12

Producción Agrícola en 1963 y 1964
(1958 = 100)

	1963			1964	
	NUESTRO ESTIMADO	CEPAL	FAO	CEPAL	FAO
Producción Agrícola	65	69	76	63	72
Producción Agrícola P/C	60	62	69	57	64
Producción de Alimentos			75		72
Producción de Alimentos P/C			68		63
Producción Agrícola Potencial	155				
Producción Actual/ Producción Potencial	42				
Población	111				

Por tanto, nueve años después de la promulgación de la ley de la Reforma Agraria cubana, es evidente (1) que el nivel de la producción agrícola ha descendido sustancialmente en comparación con el año 1958: (2) y si se acepta que el aumento en los factores de la producción dedicados a la agricultura podían haber ocasionado un aumento proporcional en el crecimiento de la producción, ésta podría ser más de cuatro veces el que es.

Confirmación de estos hechos nos lo ofrece también el propio Castro cuando el 12 de marzo de 1962 decía:

> Es preciso sin duda de ninguna clase, hablar con toda franqueza. El problema más serio que ha tenido que confrontar la revolución es este problema del abastecimiento... Y no hay que olvidar que hace apenas unos meses nosotros cuando aquella asamblea de la producción, hicimos promesas, compromisos que no hemos cumplido... y tan es así, que hasta la malanga escaseó. Después de que nosotros nos hemos pasado aquí, muchas veces diciendo que si no hay tal cosa que comer, comeremos malanga. Entonces la gente dice, bueno, y dónde está la malanga... [86] Vamos a tener todavía algunos años más de escasez... Sí... las vamos a tener. Se lo decimos a todos, se lo decimos a nuestros visitantes. Que todavía durante cuatro o cinco años más tendremos algunas dificultades. Y tendremos algunas escaseces. [87]

y asimismo, el informe de Carlos Rafael Rodríguez nos ofrece evidencia en el mismo sentido:

> Nosotros podemos decir que en el año 1964 la producción agropecuaria de nuestro país creció un 5 por ciento en relación con el año 1963... Este cinco por ciento no es satisfactorio, pero es una inversión de la curva de desarrollo de los dos últimos años, es el primero de los dos últimos años en que empezamos a crecer de nuevo... [88]
> Pero la producción agrícola no ha crecido de la misma manera; la producción agrícola global prácticamente no ha

crecido de un año para otro, a pesar de los aumentos de la caña, que por discreción no podemos mencionar, pero hemos tenido un decrecimiento en la producción agrícola general, decrecimiento que se debe a razones que vamos a explicar inmediatamente. [89]

Pero estos hechos estaban también a la disposición del Sr. Chonchol y así lo reconoce cuando dice:

Esto, unido al embargo norteamericano de las exportaciones hacia Cuba, . . . ha conducido a las actuales escaseces que obligaron desde fines de 1961 y sobre todo a comienzos de 1962 a racionar una serie de artículos alimenticios, entre los que predominan los de origen animal, como carnes, leche, mantequilla, huevo, grasas, etc. [90]

Igualmente el Sr. Bianchi concede la existencia de esta deficiencia cuando reconoce:

It also seems fairly clear that the production of root crops declined. Acute shortages of *malanga* were already reported in the second half of 1961. 'We accept full responsibility when (they) tell us there is no *malanga*', said Eduardo Santos Ríos, at the National Production Meeting held in late August that year . . . Eight months later, Santos Ríos broadened the scope of his critical comments to include all root crops. 'The *viandas* have been our principal failure,' he wrote. "Their shortage has caused very serious problems'. [91]

Thus, three years after the agrarian reform was officially started in May, 1959, total farm output had fallen below the level of the years before the Revolution, and agricultural productivity had declined sharply. [88]

Even if one assumes that output of non-sugar crops did not fall, it woul still be obvious that farm productivity declined sharply in 1961-62, since, during that time there was a considerable expansion of land, labor and (possibly) capital allocated to non-sugar agriculture. [92]

Sin embargo, elude el tomar partido frente a esta evidencia incontrastable al afirmar que:

> Clearly, it is not yet possible to evaluate in a reasonable and comprehensive way the economic effects of the Cuban Agrarian Reform. [93]

El estudio de la CEPAL también nos da evidencia de esto:

> Estos factores se han manifestado en forma más acusada en la agricultura... Estos hechos contribuyeron al descenso de la producción de consumo interno que se registró en 1961. [94]

> De mucha mayor gravedad ha sido el descenso de 30 por ciento respecto del nivel alcanzado en 1957, en la producción azucarera por efecto de la reducción, en parte deliberada, de la superficie sembrada de caña y de la menor disponibilidad de mano de obra en dicha actividad, resultado este último de la política que se siguió en materia de salarios y de las transformaciones registradas en la estructura de la ocupación. [96]

Estas contradicciones evidentes entre los elogios a la reforma agraria cubana y el reconocimiento, en algunos casos, de disminución absoluta de la producción y, en otras ocasiones, de escaseces relativas, justificadas en virtud de incrementos en el consumo, se hacen difíciles de explicar por más que forcemos la teoría económica. El Sr. Chonchol ignora la teoría económica a fin de justificar su posición ideológica cuando afirma que la reforma agraria cubana "tuvo éxito en sus primeros años de vida (junio del 59 a fines del 61) al lograr mantener y aún incrementar en varios rubros importantes la producción agrícola del país", [97] pero sin embargo, "ha conducido a las actuales escaseces que obligaron desde fines de 1961 y sobre todo a comienzos de 1962 a racionar una serie de artículos alimenticios". [98]

Esta tesis es correcta, solamente en una economía cerrada y si el sector industrial, por grandes aumentos en su producción, tiene ingresos disponibles con los que reclamar la producción agrícola por sobre el nivel alcanzado por ésta, a pesar del "éxito de la Reforma Agraria".Esto es inaceptable si se sabe que todos los artículos industriales de producción nacional, tales como zapatos y ropa, están también sometidos a estricto racionamiento. La otra explicación posible sería que se exporte el total de la producción agrícola, con el consiguiente desequilibrio entre el poder adquisitivo del campesinado y la oferta nacional de alimentos. También la hipótesis cae, si se observa la información sobre el comercio exterior de Cuba.

En resumen, un déficit de oferta en varios rubros de la producción nacional, sólo es explicable en una economía cerrada si en otros existe una situación inversa de superproducción. Pero si esto no es así, sino que el racionamiento se extiende a todos los artículos de consumo, incluyendo el azúcar, como es el caso de Cuba en la actualidad, la única explicación es que la producción está a niveles inferiores de las necesidades mínimas de la población y de la circulación monetaria en poder del pueblo. Si la producción es insuficiente en términos reales, la reforma agraria, así como la comunización de la economía cubana, han sido un fracaso. Esto resulta evidente no solo por la información suministrada por el propio Chonchol y otros apologistas del régimen, sino también por las declaraciones de Fidel Castro y demás miembros del Gobierno Cubano anteriormente mencionadas, incluyendo su reconocimiento de la existencia del mercado negro cuando en su discurso de 31 de octubre de 1963 acepta que:

> ...los aumentos que se han producido en determinados precios que se venden por ahí en bolsa negra, digamos, el que por ejemplo luego vende clandestinamente carne, se encuentra que hay quien le paga dos pesos y tres (la libra). [99]

No es necesario añadir otras observaciones para concluir que los artículos de Jacques Chonchol y Andrés Bianchi, así como el estudio de la CEPAL no son objetivos y veraces. Como investigación estadística, están invalidados por la utilización de cifras cuya fuente es desconocida y cuyo evidente sesgo las descalifica. Por otra parte, sus contradicciones internas restan validez a los artículos como piezas de análisis económico, aún concediendo que el término le pueda ser aplicado. Los autores no sólo no prueban las tesis que sostienen sino que ofrecen evidencia para demostrar las tesis opuestas. Son, cuando menos, una pobre muestra de análisis económico.

Tenemos que 9 años después de haberse promulgado la Reforma Agraria Cubana todas las evidencias demuestran que: (1) el nivel de producción agrícola ha descendido en relación a 1958 y (2) si se acepta que el aumento de los factores dedicados a la agricultura, aun cuando no hubiese incremento en su productividad, debían producir un crecimiento proporcional en la producción agrícola, ésta sería hoy cinco veces lo que es en la actualidad; (3) como el único cambio ha sido de orden estructural, ocasionado por la comunización impuesta con la reforma agraria, a ésta se le puede imputar plenamente la disminución de la producción agrícola de Cuba y no a factores externos como lo han querido indicar apologistas del proceso de comunización de Cuba.

CONCLUSIONES

Hemos analizado a grandes rasgos los resultados de 7 años de Reforma Agraria Cubana, quedando demostrado: (1) que la Ley no ha cumplido ninguno de los fines para los cuales fue promulgada; (2) que sus apologistas, si bien aceptando los fines de la Ley, no han sabido señalar las deficiencias en su implementación; para lo cual, (3) o han falseado las cifras de producción en las que basaron su análisis, o (4) han tratado de justificar ideológicamente las áreas de contradicción. Siendo el proceso de socialización la única modificación a la organización productiva cubana, el descenso en las cosechas agrícolas no puede ser atribuido a factores exógenos sino que es plena responsabilidad del cambio de estructura.

Esta deficiencia de la estructura socialista sobre la organización de la agricultura en base de propiedad privada es aceptada y reconocida por el propio Gobierno Cubano cuando el ex Presidente del Instituto Nacional de Reforma Agraria, Carlos Rafael Rodríguez, expresa:

> Si analizamos las ventas de los campesinos de los productos agrícolas y pecuarios, tenemos que decir que no sólo se mantienen sino que se incrementan. Aún en las condiciones del ciclón "Flora", aún en las condiciones difíciles de Oriente, que tiene una gran masa campesina de esas zonas afectadas por el ciclón, desde la Sierra y todas las inmediaciones de Manzanillo hasta la parte norte, por Holguín, Victoria de las Tunas y Bayamo, a pesar de que el sector privado tiene ahora 128 mil caballerías menos que el año pasado, es decir, casi el 45% menos —no puedo dar el dato exacto— sus acopios han sido sólo un 12% menos que el año pasado, en pecuario y en agrícola.
>
> ¿Qué significa esto? Que los campesinos individuales han aumentado sus entregas en una serie de productos sensiblemente. Y, efectivamente, ha sido así. Cuando se planificó la producción privada entregada al Estado en el año 1964, tomando en cuenta la enorme disminución de caballerías que tenía este sector, se hizo un plan que pareció racional. Pero ¿qué es lo que ocurre? Que los campesinos

han sobrecumplido enormemente el plan en toda una serie de renglones significativos. Por ejemplo, en tomates lo sobrecumplieron en 66%, en calabaza lo sobrecumplieron en 43%, en hortalizas generales —las llamadas otras hortalizas— en 62%, en frutas el plan lo sobrecumplieron en 64%, en maíz grano en el 33%. [100]

Nuestra calificación de fracaso a la Reforma Agraria Cubana en términos económicos no significa, no obstante, que haya sido un error para los planes del Gobierno de Castro. En nuestra opinión, el Gobierno no pretendía obtener los fines que supuestamente justificaron las leyes agrarias. Por el contrario, la Reforma Agraria Cubana es una ley estrictamente política y fue promulgada y ejecutada en miras a objetivos políticos: la comunización de la economía Cubana. Podemos afirmar, pues, que si bien la Reforma Agraria Cubana fue un fracaso económico, ha sido, no obstante, un rotundo éxito político al obtener los verdaderos fines que se proponía el Gobierno comunista cubano.

Quien quiera defender la política del actual Gobierno Cubano tendrá que hacerlo en base distinta que la económica, a menos que esté dispuesto a desconocer la realidad y, más aún, a contradecir todas las afirmaciones del propio Régimen Comunista.

El análisis efectuado no es, sin embargo, motivo de regocijo. Si ha habido deterioro en la producción no son los dirigentes comunistas los que lo están padeciendo, sino el pueblo cubano y posiblemente aquel sector que tal vez fue menos responsable de la implantación del régimen de Castro.

Tampoco podremos extrapolar indefinidamente las tendencias productivas señaladas. Existen muchas razones para predecir que eventualmente la tendencia decreciente en la producción será revertida. Aun cuando la actual situación se prolongase por más tiempo y empeorase, tampoco nos da pie para vaticinar la caída del Gobierno. Un régimen comunista no cae bajo presión económica. Nuestra única predicción es que en cualquier momento en que se determine el nivel productivo de la economía comunista, éste será siempre inferior al nivel que potencialmente se hubiese alcanzado bajo un régimen de propiedad privada.

NOTAS AL PIE

CAPITULO I

1. Constitución de la República de Cuba, Colección Legislativa Cubana, Volumen II, Sexta Edición Económica, Jesús Montero, Editor (La Habana, 1955), p. 25.
2. *Ibid.*, p. 25.
3. *Ibid.*, p. 25.
4. Fidel Castro, *Pensamiento Político, Económico y Social de Fidel Castro,* Editorial Lex (La Habana, 1959), p. 39 y 44.
5. *Ibid.*, p. 44-45.
6. Ley de Reforma Agraria, 17 de mayo de 1959, Folletos de Divulgación Legislativa No. VII, Editorial Lex (La Habana, 1959), p. 135-140.
7. *Ibid.*, p. 139.
8. *Ibid.*, p. 159-160.
9. *Ibid.*, p. 159.
10. *Ibid.*, p. 169.
11. *Diccionario de Textos Oficiales Pontificios,* Compañía Bibliográfica Española, S.A. (Madrid, 1962), p. 1805.
12. *Manual de Marxismo Leninismo,* Otto V. Kuusinen y Otros, Trad. José Laín, Editorial Grijalbo, S.A. (México, 1960), p. 526.
13. *Ibid.*, p. 535.
14. Segunda Ley de Reforma Agraria, *Bohemia,* Año 55, No .41 (La Habana, 11 de octubre de 1963), p. 85.

CAPITULO II

15. Jacques Chonchol, "Análisis Crítico de la Reforma Agraria Cubana", *Revista el Trimestre Económico,* No. 117, Vol. XXX, Fondo de Cultura Económica (México), p. 69.
16. *Ibid.*, p. 69.
17. *Ibid.*, p. 100.
18. J. Chonchol, Cuadernos Latinoamericanos de Economía Humana, No. 7 (Montevideo, Uruguay, Enero-Abril, 1960), p. 52.
19. Andrés Bianchi, Cuba the Economic and Social Revolution, Edit. Dudley Seers (United States: The University of North Carolina Press, 1964), p. 9.
20. CEPAL, La Economía Cubana, Estudio Económico de América Latina, 1963, Naciones Unidas, USA, 1964), p. 265.
21. CEPAL, Estudio Económico de América Latina, 1964, Cuadro III-3 pág. 6.
22. Ley de Reforma Agraria, 17 de mayo de 1959. *Op. cit.,* p. 138-139.

23. Fidel Castro, *Periódico Revolución*, 26 de marzo de 1959.
24. J. Chonchol, *op. cit.*, p. 136.
25. Fidel Castro, *loc. cit.*, 19 de agosto de 1962.
26. J. Chonchol, *op. cit.*, p. 98.
27. A. Bianchi, *op. cit.*, p. 139.
28. Ley de Reforma Agraria, 17 de mayo de 1959. *Op. cit.*, p. 139-140.
29. J. Chonchol, *op. cit.*, p. 73.
30. Carlos Rafael Rodríguez, *Periódico Hoy,* 29 de enero de 1965, año XXVII, No. 24, Tercera Epoca.
31. J. Chonchol, *op. cit.*, p. 95.
32. *Ibid.*, p. 125.
33. A. Bianchi, *op. cit.*, p. 124.
34. Ley de Reforma Agraria, 17 de mayo de 1959. *Op. cit.*, p. 137-138.
35. *Ibid.*, p. 172.
36. A. Bianchi, *op. cit.*, p. 110.
37. J. Chonchol, *op. cit.*, p. 136.
38. CEPAL, *op. cit.*, p. 267.
39. J. Chonchol, *op. cit.*, p. 131.
40. *Ibid.*, p. 106.
41. J. Chonchol, *op. cit.*, p. 109.
42. *Ibid.*, p.109.
43. A. Bianchi, *op. cit.*, p. 123.
44. *Ibid.*, p. 124.
45. J. Chonchol, *op. cit.*, p. 120-121.
46. *Ibid.*, p. 91.
47. *Ibid.*, p. 92.
48. A. Bianchi, *op. cit.*, p. 101.
49. Fidel Castro, *loc. cit.*, 27 de julio de 1961.
50. J. Chonchol, *op. cit.*, p. 99.

CAPITULO III

51. Fidel Castro, *loc. cit.*, 27 de julio de 1964.
52. Ley de Reforma Agraria, 17 de mayo de 1959. *Op. cit.*, p. 135.
53. J. Chonchol, *op. cit.*, p. 83.
54. *Ibid.*, p. 86.
55. CEPAL, *op. cit.*, p. 270.
56. Fidel Castro, *loc. cit.*, 11 de agosto de 1960.
57. *Ibid.*, 29 de septiembre de 1959.
58. *Ibid.*, 7 de marzo de 1960.
59. *Ibid.*, 28 de junio de 1963.
60. *Ibid.*, 11 de agosto de 1963.
61. *Ibid.*, 25 de enero de 1964.
62. Carlos Rafael Rodríguez, *loc. cit.*
63. *Ibid.*, p. 20.

64. J. Chonchol, *op. cit.*, p. 78.
65. A. Bianchi, *op. cit.*, p. 142.
66. CEPAL, *op. cit.*, p. 280.
67. Cuba Socialista, marzo 1965.
68. J. Chonchol, *op. cit.*, p. 85.
69. CEPAL, *op. cit.*, p. 281.
70. Ley de Reforma Agraria, 17 de mayo de 1959, *op. cit.*, p. 1.
71. J. Chonchol, *op. cit.*, p. 136.
72. *Ibid.*, p. 98.
73. *Ibid.*, p. 142.
74. A. Bianchi, *op. cit.*, p. 111.
75. *Ibid.*, p. 114.
76. *Ibid.*, p. 121.
77. CEPAL, *op. cit.*, p. 269.
78. Fidel Castro, *loc. cit.*, 14 de marzo de 1959.
79. Harry T. Oshima, *The National Income and Product of Cuba in 1953. Food Research Institute Studies,* Vol. II, No. 3 (United States: Stanford University, Nov. 1961), p. 218-219.
80. Boletín Mensual de Economía y Estadística Agrícolas, Organización de las Naciones Unidas para la Agricultura y Alimentación (FAO), Roma, Vol. 14, No. 4, abril de 1965, pág. 17-20.
81. Pág. 39, *supra*.
82. J. Chonchol, *op. cit.*, p. 137.
83. A. Bianchi, *op. cit.*, p. 116.
84. CEPAL, *op. cit.*, p. 270.
85. *Ibid.*, p. 272.
86. Fidel Castro, *loc. cit.*, 13 de marzo de 1962.
87. *Ibid.*, 27 de julio de 1964.
88. Carlos Rafael Rodríguez, *loc. cit.*
89. *Ibid.*
90. J. Chonchol, *op. cit.*, p. 142.
91. A. Bianchi, *op. cit.*, p. 135.
92. *Ibid.*, p. 141.
93. *Ibid.*, p. 137.
94. *Ibid.*, p. 155.
95. CEPAL, *op. cit.*, p. 269.
96. *Ibid.*, p. 269.
97. J. Conchol, p. 136.
98. *Ibid.*, p. 136.
99. Fidel Castro, *op. cit.*, 1o. de noviembre de 1963.
100. Carlos Rafael Rodríguez, *op. cit.*

www.ingramcontent.com/pod-product-compliance
Lightning Source LLC
Chambersburg PA
CBHW022013290426
44109CB00015B/1158